知的複眼思考法

苅谷剛彦

講談社+α《プラスアルファ》文庫

文庫版まえがき

何ともいえない不透明感が私たちを取り囲んでいる。他方で、善か悪かといった白黒の決着を迫る、わかりやすい二分法的なものの見かたが広まっている。単行本版『知的複眼思考法』の出版から六年が経つが、その後強まったこうした変化を見ると、改めて「自分の頭で考える」ための方法を、できるだけ多くの人々が身につけることの重要性を痛感する。

不安や失望、不信といったネガティブ・イメージが私たちの日常を覆《おお》っている。金融システムや財政がいつ破綻《はたん》するのか。不況からの脱出口が見えないいま、リストラや倒産がいつ自分の身に降りかかるか。狂牛病への行政の対応や、その後の食品メーカーの不正事件は、日常生活に直結する行政や企業への信頼を失墜《しっつい》させた。

さらには、政治家とカネと官僚の癒着《ゆちゃく》がもたらす度重なるスキャンダルは、政治や行政への不信をつのらせる。問題が多発するのに、それぞれの問題解決への決め手が見つからない。たとえ問題への対処のしかたがわかったとしても、その実行を阻《はば》む別の問題がすぐそばに控えている。失望感や不安感が充満する時代の中で、それでもなお、私たちは日々何らかの選択や決定をしながら生きている。だからこそ、ネガティブ・イメージにとらわれずに、意気消沈せず、ヤケにもならず、自分たちでしきり直しをする覚悟が必要なのであり、自分で考えることが求められるのである。

他方で、二〇〇一年九月一一日以後、「世界が変わった」といわれる。正義か邪悪かといった、アメリカ流の世界観が世界に伝わった。そこに典型的に表れているように、白か黒かの決着を迫る思考が広まりつつある。国内に目を向ければ、「構造改革」派か「抵抗勢力」かといった、善玉か悪玉かを単純に区別したがるものの見かたである。出口の見つからない不安感や失望感を背後に抱えているだけに、わかりやすい二分法的思考法が受け入れられるのである。

他者を批判するとき、人は簡単に、自分を善玉の側に置く。ところが、そうした区別自体が、どういうからくりで出来上がっているのか、区別自体を生み出す線引きのしかたが、どういう文脈から生まれてきたのか、その線引き自体にはどういった意味があるのか、といったことには目が向かない。改革派か抵抗勢力かを善玉悪玉に重ね合わせることができるほど、事態は単純ではないし、両者の区別のしかた自体、特定の利害に結びついている可能性もある。「抵抗勢力」を一掃すれば、問題が一件落着するほど、ことは簡単ではないのだ。

そういうことがわかっていながら、白黒どちらかの側に身を置いて問題を見てしまう私たちは、いったい自分の頭で考えているのだろうか。しかも、そうした単純な二分法的思考の中で、印象や憶測にもとづく判断が社会全体の「空気」を作り出している。特定の政治家への人気、不人気にしても、政策の中身を吟味《ぎんみ》しないままの支持や不支持にしても、テレビに映し出されるイメージや印象によって左右される。それを私たちは「世論」と呼び、そこに社会的な影響力を与えているのである。

それでも、私たちは日々何らかの選択や決定をしながら生きざるをえない。昼食から牛肉の入ったメニューを排除するのも、不正の発覚したメーカーの製品を買い控えるのも、わずかな預金を銀行から郵便貯金に移し替えるのも、公立学校が頼りなさそうだからと子どもを塾に通わせ始めるのも、特定の政治家のイメージをショーアップするワイドショーにチャンネルを合わせるのも、それぞれが政治的・経済的・社会的な意思表示であり、日々の選択、決定である。

そして、こうした選択や決定のしかたが、社会全体の空気に流されていたり、そうした流れを強めたりしている。「わかっちゃいるけどやめられない」この流れを変えるためには、今一度私たち自身が、自分の思考力、判断力を強め、空気を振り払うしかない。

「自分で考えろ」というのはやさしい。「自分で考える力を身につけよう」というだけなら、誰にでもいえる。そういって考える力がつくと思っている人々は、どれだけ考える力を持っているのか。考えるとはどういうことかを知っているのか。本を読みさえすれば、考えることにつながるわけでもない。自分で何かを調べさえすれば、考える力が育つわけでもない。ディスカッションやディベートの機会を作れば、自分の考えを伝えられるようになるわけでもない。

調べることをどうすれば考えるというプロセスに組み込んでいけるのか、どのように議論のしかた、本の読みかたを工夫すれば、考える力を鍛《きた》えていけるのか。そのための具体的な方法を欠いたままであれば、自分で調べたことも情報の焼き直しで終わったり、本を読んでもわかったつもり、ディベートしてもその場かぎりの意見表明に終わってしまう(だからこそ、教育社会学を研究している私は「自ら学び、自ら考える」力――「生きる力」の育成を目指す教育改革の安易さを危惧《きぐ》してきたのである)。

考える力をつけるには、どうすればいいのか。ものの見かたを変えるにはどうしたらいいのか。その方法を、できるだけ具体的に、しかもわかりやすく伝える。それはいうほどにやさしいことではない。本書がどれだけ成功しているかは、読んでくださる方々の判断にまかせるほかないが、幸いに、今回「＋α

文庫」版として出版される運びとなった。本書が提示した方法が、付け焼き刃的なハウツーではないものとして、読者の方々から少しは評価していただいたおかげではないかと感謝している。

今回文庫版の出版に当たり、コラムをひとつ加えたほかは若干の字句の修正や事例の更新を行うにとどめた。例としてあげたエピソードについても、少々時間が経過してしまったものでも、ほぼそのままにしてある。大筋は変えていない。考えかたの筋道をつけるための「基礎・基本」は、そうやすやすと変えられないからである。

時代の空気に流される度合いが増している。文庫版として本書が手に取りやすくなり、少しでも多くの人々が、空気に流されない「複眼思考」の力を鍛えていただければ、著者としては望外の幸せである。

二〇〇二年五月

苅谷《かりや》剛彦《たけひこ》

知的複眼思考法◉目次

第1章　創造的読書で思考力を鍛える

第2章　考えるための作文技法

第3章　問いの立てかたと展開のしかた
——考える筋道としての〈問い〉

第4章　複眼思考を身につける

コラム

知的複眼思考法

——誰でも持っている創造力のスイッチ

序章　知的複眼思考法とは何か

1 知的複眼思考への招待

「自分の頭で考える」ということ

「君は、ものごとを単純にとらえ過ぎていないか。ものごとには多様な面があるはずだ。だから、もっと違う面にも目を向けなさい」

「あなたの発想は、常識的過ぎる。もっと自分の頭で考えなさい」

「君はひとつの視点にとらわれていて、全体が見えなくなっているんじゃないか」


先生や上司から、こんなことを指摘されたことはありませんか。

そんなとき、「それじゃあ、どうすればいいんだ」「どうすれば、ものごとを多面的にとらえることができるのか」そんな疑問を感じて、具体的な方法がわからないまま、迷ってしまった。そんな経験はないでしょうか。

こんな場面はどうでしょう。

・他の人の意見に対し、「そんなものかなあ」と思って、自分で十分に納得しているわけではないけれど、「まあいいか」とやり過ごしてしまった。
・本当は、ちょっと引っかかるところもあるのだけれど、「そういわれれば、そうかなあ」と、人の意見を消極的に受け入れた。
・「あなたの意見はどうですか」と聞かれたとき、少しはいいたいことがあるのに、はっきりと自分の考えがまとめられずに、結局は「とくにありません」と答えてしまった。

こういった場面を経験したことのある人なら、「できれば自分なりの考えかたやものの見かたを身につけたい」と願ったことがあるでしょう。「自分の考えをはっきりことばに表して相手にわかるように伝えられたら……」と残念に思ったこともあるでしょう。考える力の不足を感じて、悔しい思いをした人も、多いのではないでしょうか。

それでも「どうすればいいのか」、その点になると、よくわからないまま。

先生や上司はあなたの欠点を指摘してくれても、「どうすればいいか」、その具体的な方法までは教えてくれない。自分なりに工夫しようにも、その第一歩がわからない。頭ではわかっても、実際にやろうとすると、どうしていいのかわからなくなってしまう。そういう場合も多いのではないかと思います。

人の意見を簡単に受け入れてしまわずに、批判的にとらえ直すには、どうしたらいいのか。自分なりの考えを、きちんと自分のことばで表現できるようになるためには、どんな工夫がいるのか。論理的に筋道の通った考えを展開するためには、何が必要なのか。どうすれば「常識」にとらわれない「自分の頭で考える力」を身につけられるのか。人に教えてもらうこともなく、かといって、自分なりの工夫では、これまでうまくいかなかった。そういう読者のために、この本では、私の大学での経験をもとに、これらの方法をできるかぎり具体的に解説し、紹介したいと思います。

とくにこの本で目指したのは、ありきたりの常識や紋切り型の決まり文句、つまり「ステレオタイプ（決まりきったものの見かた）」にとらわれずに、あなた自身の視点からものごとをとらえ、考えていくための方法です。

「今は情報化の時代だから……」とか、「グローバル化の進む現在の日本では……」とか、「今の日本は『構造改革』が必要だから……」とか、「日本ではまだ女性差別が根強いから……」とか、「日本は平等主義社会だから……」とか。あるいは「これは決められたルールだから、○○すべきだ」とか、「そんなことは前例がないから、△△できない」とか。

私たちの身の回りには、こうした紋切り型の決まり文句があふれています。もちろん、こうした発想のすべてがまちがっているというわけではありません。しかし、このようなステレオタイプ的な発想に出会ったとき、私たちは、あらためて深く考えることもなしに、「ああそうか」「そんなものか」と反射的に受け取ってしまうことが少なくありません。自分なりのとらえ直しをしないまま、こうした紋切り型を受け取る。しっかりした事実や根拠が示されていなくても、ステレオタイプの「常識的な」見かたを「当たりまえ」のこととして受け入れてしまう。そして、たいていは、そこで何となく納得し、その先を考えるのをやめてしまう。「自分の頭で考えなくなる」、その第一歩が、こうした「常識」へのとらわれにあるのです。

「常識」にどっぷり浸かったものの見かた・考えかたは、「単眼思考」と呼ぶことができます。世間で何度も使い回され、通用しているものの見かたは、まさに、ものごとの一面だけに目を向ける単眼思考です。その時点で自分なりの考えを放棄してしまうと、そこで見落とされたことがらには目が届かないままに終わります。

それでも、ステレオタイプの単眼思考は、心地よいものです。なぜなら、「常識」的なものの見かたは、私たちに「他の人と同じだ」という安心感を与えてくれるからです。そのおかげで、「ああそうだね」と調子を合わせれば、会話もスムーズに流れていく。自分の頭で考えないことで、世間の流れに乗っていくこともできるのです。

けれども、そうした「ステレオタイプ」にはまってしまうことは、ものごとの複数の側面に目を向けるのを怠る危険性につながっています。

例をあげてみましょう。

たとえば、「今は情報化の時代だ、ＩＴ革命だ」といわれています。このステレオタイプにとらわれてしまうと、「情報化の時代だから、コンピュータくらい使えなければ……」とか「インターネットのことも知らないと時代遅れになる」といった、一種の強迫観念だけがつのることでしょう。焦ってパソコンを買ったのはいいけれど、使えなくて、ますます焦りがつのってしまう。「ＩＴ革命の時代」というステレオタイプを鵜呑《うの》みにして、何も考えないまま「あそうか」と受け取ってしまうことが、「時代の流れに乗り遅れないように」という焦りを生み出すのです。自分で深く考えないまま、「そんなものか」と簡単に受け取ってしまうことで、「他の人と同じでなければ」という世の中の流れに巻き込まれていくのです。

コンピュータで何をやるのか。「情報化」といっても、自分にとってどのような情報を、どのような手段で入手することが重要なのか。コンピュータやインターネットを通じて得られる情報は、自分の生活や仕事にはどのような意味を持つのか。取るに足らない「ゴミ情報」と本当に重要な情報を見分ける能力は、コンピュータを使いこなせなければ身につけられないのか、などなど。

それぞれの答えは、各自の置かれた立場や周りの環境によっても違ってくるでしょう。そうだとすれば、なおさらのこと、「情報化・IT革命の時代」の意味は、人によってそれぞれ違うはずなのです。つまり、「情報化・IT革命の時代」というステレオタイプを鵜呑みにしないで、自分とのかかわりの中でそれがどのような意味を持つのかを冷静にとらえ直してみる。そうすることで、自分なりの対応も決まってくるのです。ところが、自分なりのとらえ直しをしないまま、「他の人と同じ」発想を続けていると、自分にとって本当は何が重要なことなのかが見えなくなる。そればかりではありません。「IT化」という流れが、自分を取り巻く社会にとって、どのような意味を持つのか、その視点を持たないまま、「IT革命＝さあ大変だ」というムードだけの先行を許すようにもなってしまうのです。

複眼思考を身につけよ

こうした単眼思考に対し、ありきたりの常識や紋切り型の考えかたにとらわれずに、ものごとを考えていく方法――私はそれを「知的複眼思考法」と名づけたいと思います。「常識」にとらわれないためには、まずは何よりも、ステレオタイプから抜け出して、それを相対化する視点を持つことが重要です。複眼思考とは、複数の視点を自由に行き来することで、ひとつの視点にとらわれない相対化の思考法といってもよいでしょう。先ほどの例でいえば、「情報化の時代」とか「IT革命」といった決まり文句の発想に流されることなく、その事態を自分自身とのかかわりの中でとらえ直す複数の視点を持つこと。そこから自分なりの考える力をはたらかせていく方法を「知的複眼思考」（場合によっては簡単に「複眼思考」）と呼ぶのです。

この本は、どうすれば知的複眼思考法を実際に身につけることができるのか、そのための方法を詳しく解説したテキストです。とはいうものの、この本は、奇抜な発想のしかたや特異な着想法を解説した本ではありません。この本を読むだけで、すぐに人とは違うアイデアが生まれるといったハウツー本でもありません。

著者である私としては、複眼思考はとてもまっとうな考えかたであると思っています。情報を正確に読み取る力。ものごとの論理の筋道を追う力。受け取った情報をもとに、自分の論理をきちんと組み立てられる力。こうした基本的な考える力を基礎にしてこそ、「常識」にとらわれずに、自分の頭で考えていくこと——つまり、知的複眼思考ができると考えるのです。

したがって、この本では、そうした思考力の基礎トレーニングから始めて、どうすれば複数の視点に立ってものごとを考えることができるようになるのかを、なるべく具体的に解説しました。つまり、本書は、奇をてらった発想のしかたのハウツーを教えるのではなく、自分の頭で考えるとはどういうことなのかを理解してもらうための本であり、どうすればそうした力を身につけることができるのかを知ってもらうための本なのです。要するに、自分の頭でまっとうに考え抜くための、できるかぎり具体的な手がかりを与えることを目指した本なのです。

2 「常識」にしばられたものの見かた

授業の中のトリック

はじめに皆さんを私の大学での授業に招待しましょう。

私の授業ではたいてい、第一回目にビデオを見せることにしています。最近までは、高畑勲《たかはたいさお》の『おもひでぽろぽろ』を使っていました。

主人公の回想シーンに、小学生のころに、分数どうしの割り算が、どうして割るほうの分数の分母と分子をひっくり返して掛ければ答えが出てくるのかをめぐっての、素朴な疑問がテーマとなるところがあります。このシーンを見た後で、「なぜ、分母と分子をひっくり返せばよいのか」「分数の割り算がわかるということはどういうことか」といった課題を出します。

　さあ、皆さんは、答えられますか。少しだけ時間をとって、実際に答えを紙に書いてみてください。

　本当の私の授業では、学生たちに解答用紙を与え、そこに答えを書いてもらってから集めます。そして、翌週、私は、学生たちに書いた文章を返却します。用紙の欄外には、赤いボールペンでAとかBとかCとかDとかが書かれています。

　読者の皆さんだったら、返された解答用紙にこのような記号があるのを見たらどう思うでしょうか。

　学生たちは自分の解答を受け取って、こうした記号があることに気づくと、一瞬驚いた表情をします。そのうち、喜んだり、がっかりした様子を見せる学生も現れます。皆さんが、もし「D」と赤字で書かれた自分の解答用紙を返されたらどう思うでしょうか。

　全員に用紙を返した後で、私は学生たちにたずねます。

「Aの人は手を上げて……。あまりいませんね」「次にBの人は……」と、手を上げてもらう。たいていCとかDがついていた学生たちは、恥ずかしそうにおずおずしながら手を上げることになります。

さらに「Aの人は、どう思った？　Dの人は？」などと質問します。すると、Aがついていた学生たちは、「やあ、思ったよりも、よかったです」とか、「うれしかった」などといったコメントをします。一方、CやDの学生は「あまりよく書けなかったので……」などという「言い訳」をしたりします。

そこで、しばらく間を空けた後で、私は再び学生たち全員に聞くことにしています。

「ところで、その紙に書いてあるAとかBとかCって何だと思う？」

学生たちはキョトンとして私を見つめます。しばらくすると、「成績ですよね」などといった答えが返ってくる。

「成績って誰がいいました？　ただのアルファベットですよね」と私。ここで、学生たちのけげんな顔は一層深まります。「昨日君たちの書いたものを読んでいたら、右手が勝手にいたずらして、何げなくアルファベットを紙の隅に書いてしまったんだ。成績じゃないし、とくに意味もない」といいます。すると、学生たちは、ますます狐につままれたような顔をすることになります。学生たちに聞くと、「だって、赤い字でAとかBとか書いてあったら、それは評価じゃないですか」と答えたりするのです。

そこで私は、「どうして君たちは、大学で使う解答用紙に赤でAとかBとか書いてあると、成績と思うんだろう。ただのアルファベットを成績だと君たちに思わせるものは、何なんだろうか。しかも、君たちの多くはAがBよりもよい評価だと思ったろう。なぜ、Aという記号はBよりもよい評価を表すように見えてしまったのだろうか」と学生たちに質問します。

皆さんが私の教室にいたら、やはり「A」とか「D」とかの記号のついた自分の解答用紙に、一喜一憂するでしょうか。もし、そうした感情を持ったとしたら、なぜ、そう思ったのでしょうか。

小学校から始まる長年の学校生活の中で、学生たちは教師から出された課題は必ず評価されるものであること、そうした評価は、たいていの場合、赤いペンで、アルファベットや数字などの記号で表現されていること、そして評価には必ず、よい評価と悪い評価とがあることを「知って」います。

ただの記号にこのような意味を持たせてしまうものは何なのか。通常、「当たりまえ」のこととして通用している、こうした「ものの見かた」をひっくり返し、その見かたを支えているものが何かを考えてもらう。この授業は、そのための「トリック」をしかけた授業なのです。このトリックに引っかかることで、学生たちは、「身をもって」自分たちが当たりまえのことがらにとらわれて現実を見ていること、「常識」にしたがって、「A」がついていれば喜び、「D」だったらがっかりするといった感情を持ってしまうことを学ぶのです。

そこからスタートして、学校で教師が生徒を評価するとはどういうことか、評価に序列がつけられるのはなぜなのか、つけられた序列を生徒たちはどのように見なすのか、また、そうして序列づけを決めているのは誰なのか、といったことを学生たちと考えていきます。そうすることで、現代の学校が抱えている問題に迫ろうという、授業の導入なのです。

私たちを取り巻く「知識」には、さまざまな層（レベル）があります。分数の割り算のやりかたを知っている層。なぜ、分母と分子をひっくり返して掛けるとよいのか、その理由を知っている層。そして、このような知識を持っていることが、教室の中でどのように評価されるのかを知っている層。さらには、そのような評価のしくみ自体が疑われることのない「当たりまえ」のことがらとして受け入れられてしまっている、そのからくりを知っている層。

私たちの普段の生活では、最後に述べたもっとも深いレベルにある知識が表に取り出されて論じられることはほとんどありません。たいていは、この部分には目をつぶって、ものごとがスムーズに進行していきます。先ほどの例でいえば、あの「テスト」が本当の成績評価の対象であれば、「A」とか「D」とかの記号は評価を示すものとして、そのまま難なく受け取られるのです。

しかし、そこに疑いの目を向けたとたん、日常の私たちの生活が、こうして

「当たりまえ」のことがらを基礎にしていることが見えてきます。「当たりまえのものの見かた」を、どうしたらとらえ直すことができるのか。どうすれば「当たりまえ」のことがらを、自分の頭で考える対象として据え直すことができるのか。私たちの発想やものの見方をしばりかねない「常識」のとらわれから逃れるためにはどうしたらよいのか。こうした脱常識の視点があることを身をもって知ってもらうために、私は学生たちに、「どっきりカメラ」(ちょっと古いですね!)のような手法を使うのです。学生たちがトリックにはまることで、自分たちがどのような常識にとらわれているのかを知ってもらう。そのための授業の導入なのです。

単眼思考と複眼思考

それでは、複眼思考とは何か。それは普通の考えかたとどう違うのか。ここではいくつかの例をあげながら、さらに詳しく説明していきましょう。

私が教えている東大生の中には、いわゆる中高一貫校の出身者が少なくありません。中学校受験を経て、有名な中高一貫校に入ってから東大に来る。その意味で、長い間自分たちと同じような均質的な集団で育ってきた学生たちが多いのです。このような学生たちは、世間的にいえばたしかに「頭のよい」学生たちなのかもしれません。しかし、学生によっては、なかなか「堅い発想」を持っている場合があります。

たとえば、学生たちと教育の問題を議論しているときのことです。ある学生が次のような発言をしました。

「エリート校の出身者は、幼いときから過酷な受験競争を勝ち抜いてくる。そして、競争の過程で、他人を蹴落としてくる。したがって、友だちを作るのがうまくない」

この主張には、受験教育は競争を促すという「常識」と、受験競争は他人を蹴落《けお》とすことになるので、友人関係がうまくいかなくなるという「常識」とが含まれています。なるほど、世間に流布《るふ》している受験教育のイメージにしたがえば、このような発想が出てくるのもうなずけます。ほかの学生たちも、この意見に対し、「うん、そうだ」といわんばかりに首をタテに振りながら聞いていました。

しかし、このようなとらえかたは、有名進学校のステレオタイプをもとにしています。進学校を目指して勉強に励む有名進学塾の幼い生徒たち。「必勝」のはちまきをして、テストで一点でも多く取ることを目指す塾の子どもの姿が、テレビや雑誌に登場することがあります。そうした子どもたちのイメージは、幼いころから競争、競争に明け暮れていれば、自然と友だちもできなくなってしまうだろうという「常識」を作り出します。受験教育が批判される場合に、決まって出てくる常套句《じょうとうく》――「受験を勝ち抜いてきたものは、頭はいいかもしれないが、人間的には冷たい」とか、「受験競争は友人関係を打ち壊す」といった「常識」が、こうした学生たちの意見に反映しているのです。

このような意見は、ほぼ毎年のように繰り返されたものでした。ということは、東大生の間では、ある程度共有されている「受験観」といってよいでしょう。しかし、こうしたステレオタイプにとらわれているかぎり、有名進学校の本当の姿は見えてきません。

そこで私は、こういった意見をいう学生に、「それじゃあ、君の周りにいる有名進学校出身の学生はどうだい？」と聞いたりします。場合によっては、意見をいった学生自身が、そういう進学校の出身者であることもありますから、そういうときには、「じゃあ、君自身はどうですか？」と質問します。すると、たいていは、「僕自身は違う」とか「僕の友人の○○君はそうでもない」といった意見が出てきたりします。つまり、自分自身や自分の身近な人のことは棚上げして、それでもやはり世間に広まっている「常識」にとらわれていたのです。

実際には、こうした進学校の出身者には、人との関係の持ちかたが巧みな学生が少なくありません。小さいときから受験にきゅうきゅうとしていたというより、かなり余裕を持って大学に入ってくる学生が少なくないのです。こうした学生の場合、大学に入るまでに、地方の公立校出身者よりも、かえって幅広い経験を持っている場合さえあります。受験競争を通じた経験よりも、生まれ育った家庭や地域の環境の影響が強いからかもしれません。世間で思われているよりも「余裕」を感じさせる、経済的にも文化的にも豊かな家庭の出身者の人間関係の巧みさが、ステレオタイプにとらわれているかぎり見えなくなってしまうのです。

見えなくなるのは、有名進学校出身の学生たちの姿だけではありません。そもそも、「受験を勝ち抜いてきたものは、人間的には冷たい」といったイメージが、どうしてこれほど広まっているのか。そうした「常識」が広まることで、何が隠されているのか。競争の勝者を否定的に見なすことで、私たちの社会は、何を得ているのか、何を失っているのか。

これらの問題は、有名進学校の出身者の実像と虚像の違いから、日本社会が人材を選抜していく際の特徴を検討するうえで、重要な視点を提供してくれます。「エリート」たちのイメージを醜《みにく》く描き出すことが、「誰でも同じ」という日本社会の横並びの意識を強めているのかもしれません。あるいは、競争の勝者たち自身にとっても、「後ろめたさ」を植えつけることで、他の社会であれば表面に表れやすいエリートと大衆との葛藤《かっとう》や摩擦をやわらげているのかもしれません。もっと別の見かたをすれば、競争に敗れた人たちに、「勝った者たちは、人間的にすぐれているわけではない」という「酸っぱいブドウ」の気分を味わわせる。こうして勝者たちを見下《みくだ》す見かたを広めておくことが、エリートに対する大衆の不満をガス抜きすることになり、結果的には、エリート自身の存在を安泰にしている。そういった皮肉な見かたもできるでしょう。ステレオタイプの見かたからちょっと離れるだけで、こうしたさまざまな問題が見えてきます。ステレオタイプをずらしてみることで、「受験の勝者は人間的に冷たい」といったイメージにとらわれているかぎり見えてこない問題をとらえる視点が得られるのです。

もうひとつ、私自身がはっとさせられた複眼思考の例をあげましょう。あのオウム事件のときに、あるテレビ局が教団に報道用のビデオを見せたのか、見せなかったのかをめぐって、社会から非難をあびました。こうした議論の中で、強く主張されたのが、放送局の「自浄作用」です。その論理は、次のようにまとめることができます。

事件の真相を放送局自身が明らかにしなければならない。そうしないと、郵政省（当時）をはじめとする国家権力の介入を招く。そうなったら、報道の自由という重要な権利が国家によって侵されかねない。国家権力の介入を許さないためにも、放送局自身の判断が重要になる、というものです。

このような意見は、一見すると、たいへんもっともに聞こえます。「報道の自由」や「国家権力の介入」といった一種の決まり文句は、このような意見に「なるほど」と思わせる基盤を与えています。まさに「自粛」によって問題を解決しようとする姿勢です。こうした意見が大勢を占めていたころ、当時テレビ朝日の『ニューステーション』という番組のコメンテイターを務めていた朝日新聞社の高成田享さんが、おおよそ次のような主旨の発言をしました。

「たしかに、国家権力の介入は許すべきではない。しかし、自浄といっても、放送局側の『自粛』によって問題を解決しようとすると、かえって国家との緊張関係がなくなりはしないか」

このコメントを聞いていて、私は目から鱗《うろこ》が落ちる気持ちがしました。私自身、この問題については、「常識」にとらわれていたからです。たしかに、国家権力の直接の介入・規制という事態は問題でしょう。しかし、メディアの側が「自粛」して、こうした問題の再発を防ごうとする場合、国家が介入した場合よりも、かえってきつく報道の自由を自らしばってしまう可能性はないのか。国家との衝突を避けるあまり、自粛と称して政府が考える以上にきついしばりをかけることは、国家との緊張関係を持ち続ける場合に比べて、どちらが「報道の自由」にとって問題となるのか。

「国家の介入」という事態を、そのまま「権利の剝奪《はくだつ》」と結びつけて見てしまう単眼思考に対して、国家の介入と報道の自由との関係を、緊張関係を含めてもっと幅広くとらえ直す。ここにステレオタイプにとらわれない複眼思考のすぐれた見本を見ることができるのです。

もうひとつのすぐれた複眼思考の例を、薬害エイズ問題のときに厚生省（現・厚生労働省）のそれまでの立場を一新した、当時の厚生大臣、菅直人《かんなおと》さんの行動に見てみましょう。

非加熱製剤を使用し続けたことから薬害が拡大した。その原因を調べる調査班を省内に作ろうとしたとき、菅さんはサリドマイドやスモンといった薬害のときにも、調査班が作られたことがないという「前例」を聞かされたといわれています。しかし、こうした「前例」を破り、調査班を作って徹底した調査をした。その結果、これまで存在しないといわれていた資料が見つかり、そこから薬害エイズ問題打開の突破口が開かれました。

大臣の役割について、あるインタビューに菅さんは次のように答えています。

「大臣は役所の行政の責任者、つまり官僚の長だ。その一方で政治家だから、国民によって選ばれて行政を指揮、監督する役目もある。その両方を大切にしなければならない」（「菅直人　直撃」『Views』一九九六年　vol.6 No.5）

「普通」の大臣だったら、官僚まかせの無難な仕事をしながら、大臣という肩書きで選挙に勝つことを目指すのでしょう。大臣と政治家の役割をそのように

「両立」させている政治家も少なくありません。大臣という地位を、政治家の出世の「上がり」と見なす単眼思考の典型です。ところが、このインタビューに表れているように、当時の菅さんは、大臣を「官僚の長」という役割と、「国民によって選ばれて行政を指揮、監督する役目」という二つの視点からとらえました。つまり、「大臣」という地位を、たんなる行政権力の頂点のひとつと見るのではなく、その地位にいたった原因を国民の支持につなげてみる。こうした複眼思考によって、「大臣」という与えられた地位にもとづく力を最大限に生かしつつ、「国民の支持」という力の正統性を援軍とすることで、官僚たちの「前例」を破ることができたのです。ここには、大臣の地位を政治家のたんなる「上がり」と見なす単眼思考とは異なる、ステレオタイプを抜け出た――しかも、たいへんまっとうな――思考の跡を読み取ることができます。

少し古くなりましたが、オウム真理教の事件といい、薬害エイズの問題といい、社会問題としてはたいへん重大な問題を取り上げました。しかし、誤解してほしくないのは、複眼思考は何もこうした大問題にとってだけ必要とされる考えかたではないということです。私たちの身の回りにも、もっと身近な「前例」との衝突や、「自粛」による問題解決といったケースがたくさんあります。自分に与えられた地位や肩書きをどう受け取るか。自分の属する組織のルールや原則と、自分たちの「自由」との関係をどう見るか。そうした意味でも、ここにあげた例は、けっして社会の大事件だけに当てはまるものではありません。同じような例は、身近な問題でもきっと見つかるはずです。

さらにいえば、こうした大事件は私たち自身と無関係ではありません。行政やマスコミが何をするか。行政機構にしろ、放送局にしろ、その影響のもとで私たちの暮らしが成り立っているからです。そうだとすれば、こうした社会の問題に対しても、私たち自身がステレオタイプにとらわれない、自分なりの考えかたを持つことが重要になります。それによって、間接的に事件の再発を防ぐ「市民」としての役割を果たすことができるようになるからです。その意味で、複眼思考は、ステレオタイプに流されずに自分の頭で考える、すなわち、自由に考える市民のための思考法でもあるのです。

バルトの「神話作用」

構造主義者として知られるロラン・バルトというフランスの思想家が、「神話作用」ということばでおもしろいことをいっている。バルトによれば、神話の重要な作用は、「歴史を自然に移行させる」ことだという（『神話作用』篠沢秀夫訳、現代思潮社、一六九ページ）。

ちょっと難しい表現だが、神話といっても、ギリシャ神話や日本神話のような神様の話ということではない。バルトによれば、要するに現代の「神話」は、その対象となるものごとを、「自然」なこと、つまり、当たりまえのこととして、人々が腑《ふ》に落ちたと感じるようにさせるものだというのだ。

さらにバルトは、「神話はものごとに、説明の明晰《めいせき》さではなく確認の明晰さを与える」（一八九ページ）ともいっている。当たりまえのこととして、「ああそうなんだ」と人々が納得し、それですませてしまう。根拠や証拠が十分に示されていなくとも、「それも当然」とものごとを確認する材料を提供する。バルトのいう神話とは、このように、私たちがものごとをどのように見ているのか、それにどのような説明を与えるのか、そうしたものの見かたを基礎づける枠組みのことである。しかも、そうした納得が本当に正しいのかどうか、それを十分に検証しなくても、世の中に通用するものの見かた――それがバルトのいう「神話」である。

この本の中で、私が「ステレオタイプ」とか「常識」と呼んでいるものは、バルトのことばを使えば「神話」ということになる。したがって、複眼思考とは、現代における神話の作用を見抜くためのものの見かたといってもよいだろう。

3 知ることと考えること

「正解」という幻想

最近の若者たちは、いわれたことはきちんとこなすが、自分からは何をしていいのか、十分な状況判断ができない。「マニュアル族」「指示待ち族」だ、などと悪口をいわれることがあります。学生たちを見ていても、与えられた課題についてはまじめに勉強するのですが、自分から問題を立ててそれを解くということは、あまり得意ではないようです。

毎年、卒業論文のテーマを決める時期になると、適当なテーマを見つけられずに頭を抱える学生が出てきます。関心を持つ領域やテーマをおぼろげながら見つけても、それを的確な「問い」のかたちで表現できない学生もいます。いったん問題を与えられれば答え探しは得意なのですが、自分で問題を探して解くとなると、それまでの教育や受験で培《つちか》った能力だけでは太刀打ちできないのでしょう。

しかも、気がかりなのは、問題が与えられた場合にも、学生たちは、どこかに正解がある、と思っているふしがあることです。学生たちと議論をしていても、性急に答えを探したがる場面が少なくありません。素直さ、まじめさの裏返しなのかもしれません。じっくり考えるより、簡単にどこかに答えがあると思ってしまうのです。

かつて非常勤講師をしていたある大学で学生にレポートを書かせたところ、教科書から該当する部分を抜き書きするだけ、せいぜいがその部分を適当に縮めてまとめただけということがありました。大学というところは、「考える力」をつける場所なのに、教師のいっていることや本に書かれたことから「正解」を探せばよいと思っているようなのです。

教師が教壇から話したことを、丹念にノートに取る。試験やレポートのときにはそのノートに書かれたことをほぼそのまま繰り返す。私の体験したアメリカの大学だったら、創造性（オリジナリティ、つまり、自分なりの考え）のまったくない解答として、それだけで落第になってしまうようなことが、日本の大学ではまだ平気で行われています。答えを知ることと、考えることとの違いをはっきりさせないまま、正しい答えさえ知っていればそれでいいんだという、「正解信仰」が根強くあるからでしょう。受験勉強のしかたも、こうした正解探しの発想を強めているようです。

この正解探しの発想の裏返しが、「勉強不足症候群」とでも呼べるケースです。議論をしていてわからないことがあると、「よく勉強していないのでわかりません」と弁解する学生がいます。自分でわからないことにぶつかると、勉強不足・知識不足だと感じてしまうのです。

「十分な知識がないのでわからない」「もっと本を読めば、わかるようになるだろう」。つまり、勉強量が足りないせいで、問題が解けないのだと思い込んでしまう学生たち。これは、私が接している東大生に特徴的なまじめな学生たちなのかもしれません。しかし、彼らのような受験エリートならずとも、自分で考える力のなさを知識不足や勉強不足のせいだと見てしまうケースは、案外多いでしょう。本当のところは、知識がまったくないというより、知識をうまく使いこなせないのですが。

ところが「知らないから、わからない」という勉強不足症候群の症状は、正解がどこかに書かれているのを見つければ、それでわかったことになるという正解信仰の裏返しです。そして、この正解信仰を突き詰めてしまうと、「唯一の正解」を求める、かたくなで原理主義的な態度にもつながってしまいます。世界のことすべてを説明してくれる大正解がある。それを求める態度からは、ものごとには多様な側面があること、見る視点によって、その多様な側面が違って見えることは認めがたいでしょう。唯一の正解というひとつの視点からものごとをとらえようとするからです。そうした正解を求める態度は、複眼思考とは対極にある考えかたといってもよいでしょう。

そこまで極端でなくても、正しい答えがあると思い込み、その答えを見つけられれば人から認められると思ってしまう。そんな正解信仰が、自分の勉強不足・知識不足を反省ばかりしている「勉強不足症候群」の若者を生んでいるといえるのです。

考えるプロセスを経ていなくても、答えさえ見つければそれでいい。このような習性が身についてしまうと、今度は答えがなかなか見つからない類の問題に出会った場合に途中で息切れして、ステレオタイプの発想にとらわれてしまいます。

もちろん、知識はないより、あったほうがいいに決まっています。本も読んでいないよりは読んでいたほうがいい。あることがらを知っていることで、ステレオタイプの発想から逃れられるという例は、たくさんあるでしょう。けれども、私がここで問題としたいのは、「知識があればわかる」とか、「調べればわかる」といった、知識の獲得によってすぐに解決できるような問題ではなく、どうすれば知識と思考とを関係づけることができるか——簡単にいうと、知っていることと考えることとを結びつけるやりかたの問題です。ここまでのことを整理しておくと——。

●ポイント●

1　複眼思考とは、ありきたりの常識や紋切り型の考えかたにとらわれずに、ものごとを考えていく方法のこと。

2　「常識」にとらわれないためには、何よりも、ステレオタイプから抜け出して、それを相対化する視点を持つことが重要。

3　知識も大切だが、「正解」がどこかにあるという発想からは複眼思考は生まれない。

アメリカの大学での苦悩

本には「知識」が詰まっています。本をたくさん読んでいる人は、たくさんの知識を持っている。だから、何でもわかるのだろう。つまり「正解」となる知識をたくさん蓄えているから、いい考えが出てくるのだろう。そういうイメージを私たちは抱きがちです。しかし、本を読むこと、知識を得ることは、何かがわかること、自分の頭で考えることと、どのように関係しているのでしょうか。本当に「正解」の引き出しが多くなることが、考えることなのでしょうか。

一九八四年の九月、私のアメリカでの学生生活が始まりました。五大湖のひとつ、ミシガン湖に面したシカゴの郊外にあるエバンストンという美しい大学町。そこにあるノースウェスタン大学の社会学の大学院に入学したのです。それから単位の取得が終わるまでの二年間は、文字通り本漬けの毎日でした。アメリカの大学の授業が厳しいことは、日本でもよく紹介されています。私もその洗礼を受けたのです。

毎回の授業の予習に、必ず事前に読むべき文献が示されます。その量は、一週間で五〇〇ページを超える膨大《ぼうだい》なものでした。最初の一年間は、とくにたいへんでした。それでも単位を取るためには、ともかく、こうして与えられる課題を読まなければならないのです。

しかも、奨学金をもらって生活費に充てていた私にとって、アメリカの大学はとても厳しいところでした。悪い成績を取れば奨学金がもらえなくなる。留学生活を続けるためにも、たくさんの本や論文を読み通さなければならない。あのころの勉強は、生活費を稼ぐことにつながる、まさに「パンのため」の勉強だったのです。

ですが、こうして必死に勉強してこれだけの「知識」を獲得したはずなのに、正直に告白すると、今の私にはいったい何をどれだけ読んだのかわからなくなっています。今でも、あのころに読んだ本は研究室の本棚におさまっています。読んだ論文のコピーも残してあります。それらを積み上げたら相当な高さになるほどの量です。しかし、どんな文献を読んだのか、そこにどんな知識が書かれていたのか、今ではもう詳しく思い出せなくなっているのです。

たまたま、何かの折に、書架の本を取り出して中を見ると、ところどころにアンダーラインが引いてあったり、メモ書きをしているところを発見します。

たしかに私の字です。けれども、そこに何が書いてあったのかは、すぐには思い出せません。あれだけ、たくさん読んだ本や論文も、明確な知識としては残っていないのです。

もちろん、もっと記憶力のよい人ならば、ちゃんと憶えていられるのかもしれません。ところが私の場合、あれだけ苦しい思いをして読んだのに、本や論文から得た知識は、十分に定着しなかったようです。

それでは、あれだけの文献を読んだことは役に立たなかったのか。何も残らなかったのかというと、そうではない。知識に代わる「何か」が、身についたといえるのです。

それは、考える力——あるいは、考えかたのさまざまなパターンを身につけたということです。的確に、批判的に、情報を読み取る能力。問題を探し出す能力。素朴な疑問からスタートして、それを明確な問いとして表現する方法。問いの立てかたと展開のしかた。論理的に自分の考えを展開する力。そして、何よりも問いをずらしていくことで隠された問題を探っていく方法——これらがどのようなものかは、後の章で具体的に説明します――いろいろな人の研究を読み、それを自分の研究に生かしていく過程で、複眼思考のポイントとなる、こうした方法のさまざまなパターンを、自分なりに身につけていったのです。

ひとつひとつの知識の断片はどこかに消えてしまいました。しかし、膨大な本や論文との格闘を通じて、「考える」方法にはさまざまなパターンがあることを、私は学びました。さらには、対象となっている問題に応じて、そうした方法をどのように適用すればよいのかがわかるようになりました。つまり、知識をどのように使っていけば、自分の頭で考えることにつなげていけるのか、それが、しだいにわかるようになっていったのです。

複眼思考への道

それでは、誰もが同じようなことをしなければ、つまり、研究者になるのと同じような大量の文献との格闘なしには、こうした能力や方法は身につかないのか。私は、そうは思いません。

もちろん、本を読むことは大切です。知識を得ることも重要です。さらには、必要な知識を理解するための基礎力も重要です。しかし、どんなに知識があっても、そうした知識をどうやって考えることにつなげていくのか、それがわからなければ、何にもなりません。

ところが、日本の学校教育では、その肝心《かんじん》のところを学びません。私の周りの学生たちを見ていても、知識は持っているのに、なかなか自分なりの考えに生かせない。そういう例が少なくありません。最近では知識の点でもあやしくなってきました。その結果、知っていることを考えることにどのように結びつけていけばよいのか、そこのところを学習しないまま、教育を終えてしまうのです。

従来の教育では、どうすればこのような能力が身につくのか、その具体的な方法は明示されないまま、各自がそれぞれの経験を通じて、自分でその方法を体得していきました。小学校では「調べ学習」や「体験学習」のようなことが取り入れられるようになっているようですが、大学教育の段階で必要とされる高度なレベルでの思考力には、まだまだつながっていないようです。そのため、大学に入ると結局は、それぞれが自分なりのやりかたを通じて、それぞれの「知的複眼思考法」に到達するしかなかったのです。

学生たちが自分の頭で考える力を身につけるにはどうしたらよいのか。それをひとつの目標に、私は大学の場で、自分なりの教育実践をしてきました。そこでは、個々の学生のニーズに合わせて、その「どうしたら」を実践してきました。つまり、それぞれの学生が自分なりに複眼思考を身につけるのを手伝ってきたのです。

この本で示したいのは、これまでの私の経験をもとに、その手助けの方法を、なるべく一般に応用可能なかたちで、文章として表現してみることです。学生たちへの指導場面では、その場その場に応じて、彼らの発想をずらしたり、ふだんは気づかない問題点を発見してもらうための工夫をしてきました。初めに紹介した授業風景もその一例です。こうした臨機応変にやってきた指導を、どうすれば文章によって再現できるのか。私にとっても、難しいと同時に、たいへんチャレンジングな課題です。

知識や情報の獲得方法について書かれた本はたくさんあります。勉強法のすぐれた解説書もあります。発想法や着想法のハウツーも数多く出版されています。ところが、自分なりの問題を立てるにはどうすればよいのか。立てた問題をどのように展開していけば、それまで隠れていた、新しい問題の発見につながるのか。そして、何よりも、どうすれば、ステレオタイプにとらわれない「自分の頭で考える」視点を得ることができるのか。自分で考えるためのこうした方法を、わかりやすく解説したテキストは、まだあまりないようです。「知」に関連した本がたくさん出版されている割には、本章の冒頭にあげたような読者の要望に応える本も、少ないようです。本書はその間隙《かんげき》を埋めるために、できるかぎり具体的な説明を通して、皆さんを「知的複眼思考法」に招待するガイドブックなのです。

最後に、簡単に本書の構成を紹介しておきましょう。

第1章では、本の読みかたを通じて、自分で考えるための基礎力を養う方法を解説します。批判的な読書とはどういうものか。批判的な視点から本を読むことで、自分の頭で考えるための視点をどうやって作り出していくのか。「読書」を手がかりに、そのための方法を具体的に紹介しました。

第2章では、文章を書くことを通じて、どのようにすれば自分の考えを論理的に表現できるのか、論理を積み重ねていくための基本を紹介します。さらには、人の文章を読んで、それに応える文章を自分で書くトレーニングを通じて、さまざまな視点に立ってものごとをとらえる方法も解説しています。この第1章と第2章は、いわば、複眼思考を行うための基礎トレーニングに当たる部分です。

第3章では、問いの立てかたと展開のしかたを学びます。ここからが、複眼思考の実践編となります。どうすれば、考えることにつながる明確な問いを立てることができるのか。立てた問いをどのように展開していけば、初めは気づかない新しい問題の発見につながるのか。問いの一般化と具体化とはどういうことか。概念化という方法を使って、個別のケースから一般的な思考を引き出すにはどうすればよいのか。このような問いの立てかた・展開のしかたを身につけることで、ステレオタイプに陥らない自分なりの視点の持ちかたがわかる。そうした複眼思考実践の第一歩を第3章で解説します。

最後の第4章では、複眼思考の中心部分の説明をします。ものごとの二面性、多面性をとらえるための方法、うっかりしていると見過ごされてしまう、ものごとの裏面や逆説的な関係に注目するための方法、問題の「メタ」(もともとは「後」という意味のギリシャ語の接頭語)に目を向けるための方法——まさに、複数の視点からものごとをとらえるには、どうしたらよいのかに焦点を当て、その具体的な方法を解説します。知的複眼思考のエッセンスを身につける方法が示されるのです。

さて、予告編はここまで。

それでは皆さんを、「知的複眼思考法・特別コース」にご案内しましょう。

歴史と比較の効用──「夫婦別姓」問題、常識のうそ

日本でも、夫婦の別姓が問題になっている。女性の社会的地位の向上の議論とあわせて論じられることが多いようだ。結婚すれば女性は男性の姓を名乗る。日本では、古くからこのような習慣があるというのが私たちの常識である。ところが、この習慣は、日本でも案外と新しいものなのである。

日本でも武家社会では、夫婦別姓が長く続いてきた。明治三一年の民法施行までは、結婚によって女性が姓を変えるということはなかったという（箕浦康子「大学は新しい文化の発信基地になれるか？」『東京大学学内広

報』№一〇五七)。現代から見ると、古くからの日本的伝統のように思われることがらが、歴史をひもとくと、実は、それほど根深いものではないことがわかる。

また、韓国では、女性は結婚しても姓を変えない。しかし、その理由は、女性の地位を男性と平等にするという考えかたから来ているわけではない。それぞれの親族を大切にするという理由から来ている。しかも、儒教の影響が強く残る韓国では、むしろ日本以上に男性支配の傾向が強いとさえいわれている。つまり、別姓か同姓かは、直接女性の地位とは関係しないということだ。

こうした歴史や国際比較から得られる知識は、私たちの常識の底の浅さを示してくれる。ステレオタイプにとらわれないための知識として、歴史との比較から得られる知識は、強力な武器となる。しかし、要は、そのような知識をどれだけ持つかということではないだろう。必要な場合にそうした知識にたどり着こうとするかどうか、そうした構えこそが重要なのである。ステレオタイプにとらわれない視点を持って、常識を疑い始めることから、逆にこのような知識にたどり着くこともできるからである。

第1章　創造的読書で思考力を鍛える

1　著者の立場、読者の立場

ステップ1　読書の効用

「近ごろの若者たちは本を読まなくなった」と指摘されることがよくあります。たしかに、テレビを見る時間やマンガを読む時間に比べて、今の若者たちが活字に向かう時間が短くなっていることは事実でしょう。しかし、「近ごろの若者たちは本を読まなくなった」という指摘自体、すでにいい古された「常識」の一部になっています。「本当にそうだ」と納得してしまわないで、少しばかり、この常識について考えてみましょう。

なぜ大人たちは、若者が本を読まなくなったことを嘆くのか。そう考えると、本を読まなくなったことで失われた、何か大切なものがあるという「前提」が、こうした判断には含まれていることがわかるでしょう。「本を読まなくなると、どんな悪いことがあるのか」「何が失われるのか」。そこまで考えたうえで、このいい古された指摘を納得して、「なるほど、その通りだ」と思うか。それとも、そこまで考えずに「そんなものだろう」といってすませてしまうか。考えることを身につけようとするのであれば、こうした常識に簡単に飲み込まれては困ります。

「本を読まなくなって失われるものは何か」。この問いを少し展開して、「本を通じて得られるもの」と「本でなければ得られないものは何か」を考えてみましょう。もし本でなければ得られないものが少なければ、本を読まなくなったといって非難されることはなくなるはずです。さあ、あなたなら、どんな答えを思いつきますか。

以下は私の答え。たとえば、本を通じて得られるものは、知識、情報、教養、楽しみ、興奮、感動など。それでは、これらのうち、「本でなければ得られないものは?」と考えると、何が残るでしょうか。今や電子メディアの普及で、たいていの知識や情報は、本でなくても手に入るようになりました。活字メディアよりも数段早く、しかも手軽にさまざまな情報を手に入れることができる時代になったのです。

楽しみや感動、興奮にしても、映像・音響メディアの発達から、本でなくても深い感動や楽しみを得ることはできます。むしろ、こうしたものは、発達したAV機器によって本よりも迫力をもって伝えられる時代になりました。原作の本を手に活字を目で追っていくよりも、大画面の大音響のもとで映画化された作品を見るほうが、興奮も感動もずっと大きくなる可能性だってあります。

それでは「教養」はどうか。たしかに、テレビを見ても、コンピュータから得た情報によっても、あるいは講演会や大学の講義などを通じても、「知識」を得ることはできます。「教養」をたんに知識として見れば、なるほど活字メディアでなくてもよさそうです。

それでも本でなければ得られないものは何か。それは、知識の獲得の過程を通じて、じっくり考える機会を得ることにある――つまり、考える力を養うための情報や知識との格闘の時間を与えてくれるということだと私は思います。

他のメディアとは異なり、本をはじめとする紙に書かれた活字メディアでは、受け手のペースに合わせて、メッセージを追っていくことができます。たとえば、今この本を手にしている皆さんは、めんどうくさいやと、一足飛びに別の章を開いたりすることも、斜め読みをして、「もういいや」とこの本を投げ出してしまうこともできます（でも、もう少し辛抱してつきあってくださ い）。あるいは、これまで読んできたところを、もう一度読み返して、この著者がこれから何をいおうとしているのか、予想を立てることもできるでしょう。活字メディアの場合、読み手が自分のペースで、文章を行ったり来たりしながら、「行間を読んだり」「論の進め方をたどったり」することができるのです。いい換えれば、他のメディアに比べて、時間のかけかたが自由であるということです。

文章を行ったり来たりできることは、立ち止まってじっくり考える余裕を与えてくれることでもあります。もっともらしいせりふに出会っても、話しているときのように「そんなものかな」と思って十分吟味もせずに納得してしまわない。本の場合、そうしたもっともらしさ自体を疑ってかかる余裕が与えられるということです。つまり、ありきたりの「常識」に飲み込まれないための複眼思考を身につけるうえで、こうした活字メディアとの格闘は格好のトレーニングの場となるのです。

複眼的に考えていく力を身につけるにはどうすればよいか。そのための方法として、ここでは思考力を鍛える読書の方法について説明しましょう。

ステップ2　著者と対等な立場に立つ

あなたは本を読むとき、著者とどんな関係にありますか。「そんなこと、考えたこともない」という人もいるかもしれません。著者が好きか嫌いかで判断しているとか、尊敬に値するかどうかとか、著者との関係の持ちかたはいろいろでしょう。しかし、ここで考える力をつけるための読書法を実践するためには、何よりもまず、著者と対等な関係に立つことが大切なスタートラインとなります。

とはいうものの、「『著者と対等な関係』といっても、何となくわかるけど、ピンとこないな」という人が多いのではないでしょうか。そこで、どうしたらピンとくるのか、ちょっと実験してみましょう。

まず、これまでの人生の中で、自分にとって大きな決断のときだった、と思う瞬間を思い出してみてください。学校に入学したときでしょうか、就職のとき、あるいは結婚を決意したとき……。

それではそのときの決断について、後で誰かに読んでもらうつもりになって、「私の決断」という題で四〇〇字程度の作文を書いてみましょう。さあ、実際にエンピツと消しゴムを手に、書いてみてください。

さて、書けましたか。それでは次に、あなた自身の文章を振り返ってみましょう。

何を書こうか。どんな順番で書こうか。どの程度詳しく書こうか、などなど、きっとあなたは作文を書くうえで、いろいろ考えたに違いありません。まず、どんな場面を「決断のとき」に選んだのでしょうか。その場面を選ぶときに、他の選択肢として、どんな場面を思い描きましたか。結局、それを選ぶことになった理由は何でしょうか。

場面を設定してから、どんなエピソードをはさもうか、迷いはなかったですか。いろいろとそのときのことを思い出しながら、さまざまな出来事をどうつなげて文章にするか、考えたのではないでしょうか。あっ、あのことも書いておこう、と思ってつけ加えた出来事はありませんか。逆に、こっちを入れるなら、あのことはもっと簡単にすませておこうと、短縮したり、削ったりしたエピソードはなかったでしょうか。

すらすらと書いたつもりでも、誰かに読んでもらうとなると、カッコよく書こうと思って、形容詞や副詞を足したり、変えたりする場合もあるでしょう。あるいは、あのことは人には知られたくないからあまり細かく書くのはよそうと思って、書いたところをすべて消してしまった人もあるのではないでしょうか。以上のように、ところどころであれこれ考えながら書いたことと思います。

私だったら、どう書くか。次に示すのは、（今となってはちょっと気恥ずかしい）私自身の「決断のとき」の作文です。

「私の決断のとき」

日本で仕事につくか、それとも留学を取るか。これまでの私にとって大きな決断の瞬間は、留学を心に決めたときだった。

日本の大学院での勉強も終盤に近づいたとき、私はアメリカのある先生のもとで勉強したいという気持ちにかられた。そのまま日本にいても、何とかどこかの大学の講師くらいにはなれたかもしれない。近い将来の生活の安定を取るか、もう一度振り出しにもどって新天地での勉強を開始するか。

そのころ、すでに結婚していた私は、私の予備校でのアルバイトと、結城つむぎを織っていた妻の収入とで細々と生活を支えていた。あと一年もすれば、どこかの大学に就職できるかもしれない。その可能性を捨てて留学すれば、また当分の間学生生活が続く。留学したからといって、うまくやっていけるかどうかもわからない。

そんなリスクを冒してでも私が留学することを心に決めたのは、妻の簡単な一言だった。「おもしろそうだからやってみようよ」。その楽天的な一言が私の心を決め、その後の人生の大きな分岐点になった。


さて、あまり出来のよくない私の「作文」を例にのせたのは、あなたの文章との比較をするためです。

私の場合は、ここに示した場面にしようか、それとも留学が終わりに近づいたころに、アメリカの大学に残るかそれとも日本に帰るかを決断したときのどちらにしようか、迷いました。

あなたの作文のように、ペン書きの文章では、書き終わるまでのプロセスが残ります。しかし、いったんそうした文章が活字になってしまうと、そのプロセスは外からは見えなくなってしまいます。

私のつたない「作文」も、人の目に触れることを意識して、ところどころで抑制したり、簡単に書いてしまったり、「この表現はやめよう」と書き直したところがいくつかあります。とくに、妻の話をどの程度詳しく書くか、あまりプライベートなことは書かないほうがいいな、などと考えて、文章の半分近くを直したりしました。たとえば、完成版の前には、こんな書き直しがありました。

「私の決断のとき」

日本で仕事につくか、それとも留学を取るか。これまでの私にとって大きな決断の瞬間は、留学を心に決めたときだった。

（東大の大学院の博士課程の二年目が終わるころ、）日本の大学院での勉強も終盤に近づいたとき、私はアメリカのある先生のもとで勉強したいという気持ちにかられた。そのまま日本にいても、（あと一、二年のうちに）何とかどこかの大学の（助手か）講師くらいにはなれたかもしれない。〈近い将来の生活の安定をとるか、もう一度振り出しにもどって新天地での勉強を開始するか。〉

そのころ、すでに結婚していた私は、私の予備校でのアルバイトと、〈結城つむぎを織っていた〉妻の（はた織りの）収入とで細々と生活を支えていた。あと一年もすれば、どこかの大学に就職できるかもしれない。その可能性を捨てて留学すれば、また当分の間（貧しく不安定な）学生生活が続く。留学したからといって、（アメリカの大学で授業についていけるかどうかも）うまくやっていけるかどうかもわからない。

そんな（コスト）リスクを冒してでも私が留学することを心に決めたのは、妻の（なにげない）簡単な一言だった。「おもしろそうだから（やってみたら）やってみようよ」。その〈楽天的な〉一言が私の心を決め、その後の人生の大きな分岐点になった。

ここで、（　）内の部分は、初めに書こうと思っていた文章です。それを削除したり、あるいは傍線を引いた文章に書き直しました。また、〈　〉の中は、後で挿入した部分です。どこまで書こうか、どんな印象を受けるかを考えながら、削ったり書き加えたりしていったのです。行と行の間にあったかもしれない表現が、こうして消されていったり、新たに付け加えられていったりしたのです。つまり、あなた自身の作文と同じように、ここに印刷された私の作文もいろいろ書いては消しての揚げ句の文章なのです。

しかし、一度こうして本の一部になってしまうと、その過程は読者にはぜんぜん見えなくなってしまいます。読者が著者に向かうとき、たいていはこうしたプロセスを見ずに、出来上がった「完成品」のみを見ています。ともかく、書店で売っている本なのだから、そこに書いてあることは「すでに書かれた動かないもの」として、読者の目に映るのです。

しかし、あなた自身の作文と私の作文を比べたように、どんな本でも、書いている過程には、さまざまな試行錯誤が含まれます。つまり、活字になった文章といえども、そこにいたるまでには、いろいろ他の文章になる可能性を切り捨てて、今あるかたちを選び取った結果、その文章になっているのです。

よほどの天才的文章家でもないかぎり、文章を書くという行為には、必ずこうした考えながらの試行錯誤が含まれます。そして、いろいろな条件から判断して、「これでよし」と思ったものが、活字になる――それがあなたが手に取る本の文章なのです。

こうして、書くプロセスに含まれている迷いや選択ということを念頭においておくと、別の人が書いたものを読むときでも、すでに出来上がって動かない完成品として見る見かたから少しは逃れることができます。他の可能性の中でそれぞれのことばや表現が選ばれていった末に、目の前の活字になっている。そうやって本を読むと、読んでいくひとつひとつのことばが、まるであなた自身がそこで書いているかのように思えるかもしれません。

著者と同じ立場に立つということは、そうした選択の過程を、読み手の側から確認していくことなのです。

このように活字として書かれたものをとらえ直すと、本の著者との「つきあい」も変わってきます。漫然と著者のいうままに、その通りに文章をなぞるように読むのではない。「ほかの文章になる可能性のあったもの」として目の前の活字を追っていく。つまり、「私だったらこう書いたかもしれない」とか、

「どうして著者はここで、こんなことを書いているのか」を考えながら、文章を読んでいく。

どんなに偉い著者でも人間です。したがって、間違えることもあれば、気づかないうちに飛躍して文章を進めてしまうこともあります。根拠としたデータが不正確なこともある。いい加減さや、間違いや、論理不整合な部分の混入も含めて、さまざまな可能性のうちのひとつのかたちとして、目の前の活字があると考えたほうがよいのです。

このように活字メディアをとらえ直してみると、それを読むという行為の意味が違ってきます。ざっと読み流して、簡単に納得してしまうのではない読書。次に何が書かれる可能性があったのかを、探りながら文字を追っていく読書。書き手が行きつもどりつしたように、読み手も自分の理解のペースで情報を獲得していく読書。活字メディアを相手にすることで、他のメディア相手ではできない、「行間」に目を向けることや、論の進め方をじっくりとらえることも可能になるのです。

書き手の書くプロセスを意識するようになると、書き上がったものを「動かざる完成品」だと見る見かたは弱くなってくるでしょう。つまり、完成品としてむやみにありがたがって本を読んだり、書き手のいい分をそのまま何となく納得してしまったりという受け身の姿勢ではなく、本に接することができるようになるのです。

こうした著者との関係を築くことは、複眼思考を身につけるうえでの基本的な姿勢になります。というのも、相手のいい分をそのまま素直に受け入れてしまうのではなく、ちょっと立ち止まって考える習慣が身につくようになるからです。

一言でいえば、書き手の言い分を鵜呑みにしない読書のすすめ。つまり、批判的な読書を通じて、ものごとに疑問を感じること、ものごとを簡単に納得しないこと、「常識」に飲み込まれないこと、すなわち、自分で考えるという姿勢ができてくるのです。

それを具体的にどうやるか。この章では、著者との対等な関係に立つところから始めて、考えるための読書法を提案していきたいと思います。

■著者とかかわりながら読書するコツ■

積極的に著者とかかわりながら本を読むコツを紹介しよう。

いろいろな疑問を持って、段落ごとに、文章を追っていくのがそのコツである。

そのヒントとして、こんなフレーズを書き込みの例に一冊の本を読んでみるとよいだろう。

・「なるほど」

・「ここは鋭い」

・「納得がいかない」

・「どこか無理があるな」
・「その意見に賛成だ」
・「その意見に反対。自分の考えとは違うな」
・「著者の意見は不明確（あるいは、あいまい）だ」
・「同じような例を知っている」
・「自分の身の回りの例だとどんなことかな」（実際に思いついた例を書いておく）
・「例外はないか」
・「見逃されている事実や例がないか」
・「これは他の人にも伝えたいエピソードやデータだ」
・「もっと、こういう資料が使われていれば議論の説得力が増すのに」
・「なぜ、こんなことがいえるのか」
・「自分ならこういうことばを使って表現するな」（そういう場合は実際にそのことばも書いておく）

・「この表現は難し過ぎる」

2 知識の受容から知識の創造へ

ステップ1 批判的に読む

私が日本の大学院で勉強を始めたころ、当時の私の少ないこづかいの大半は、本代で消えていました。それも、丸善や紀伊國屋書店などの洋書の新刊案内を見て、自分の研究に関係ありそうなタイトルを見つけると、現物を見ずにともかく注文してしまうという買いかたでした。奨学金とアルバイト、それに学生結婚をしていたので妻の収入に助けられて生活していた時代でしたが、それでも最先端の情報を得るためには、本を買い漁《あさ》ることが大事だと思っていたのです。
ちょうど当時は、イギリスで教育の社会学的研究に新しい潮流が現れ始めた時期でした。外国産の新しい知識を学び取ることが研究のうえでも大事だと思っていたそのころの私は、この潮流に乗っていそうな本ならば、手当たりしだい買っていたのです。その結果、読む速度よりも買うスピードのほうが当然速かった……つまり、「積ん読」状態となってしまいました。それでも、外国産の知識の権威を信じていた当時の私は、少ない収入の中から、ともかく本を買い続けました。流行の思想をなるべく早く身につけることが評価の得られる研究をすることだと勘違いしていた——まさに、知識輸入型研究者の卵だったわけです。

このような態度で本を買っていたときには、著者というのは、すでに新しい潮流に乗って立派な研究をしている「偉い人」だという感じがどこかにありました。後に、研究者として一人前になり、輸入学問ではない自分なりの発信型の研究ができるようになってから、このころに読んだ著者たちに直接会って話をしてみると、若いころ思っていたほど大したことはないなと思うことが少なくありませんでした。しかし、流行の知識を追いかけていた時代には、本の著者は自分よりも数段上の研究者のように思われたのです。

このエピソードを紹介したのは、知識を受け入れようとするだけの読書では、何か勉強したつもりにはなっても、なかなか自分で考えるようにならないことを示したかったからです。かつて「ニューアカデミズム」などといって、難しい「現代思想」の知識を持っていることがファッションになった時期がありました。「フランスの○○は△△という著書の中で、×△について◎△×±といっている」と訳知り顔で知識をひけらかすことが「カッコいい」と思われた時代があったのです。

たしかに有名な思想家や学者や評論家の本を読むと、何かわかったような気になります。とくに、ちょっと難しい本を何とか読み終えたときなど、立派な知識を獲得できた気持ちになって、それだけ自分も賢くなったと思ってしまう

 こともあります。ですが、知識の受容ということを越えて、本当に自分で考えるようになるかというと、知識を追っかけてばかりいる読書では、なかなかそこまではいたらないのです。

古典や名著といわれる本や、評判になっている著書に接することは大切です。そうした本には思考力を鍛える「何か」が必ず含まれているはずだからです。要はどう読むか、につきます。何かを知ろうと思って読むのか、それとも自分なりに考えるために読むのか。知識受容型から知識創造型に変わるためには、どうしても考えるための批判的な本の読みかたが重要になってくるのです。

「批判的」というと、何か攻撃的な、手に取った本を初めから非難するような気持ちで接することだと思う人もいるかもしれません。しかし、ここでいいたいのは、非難するかどうか、攻撃的かどうかということではなくて、著者の思考の過程をきちんと吟味しながら読もうとすることです。著者が書いていることを、専門家や有名な評論家、あるいは大学教授が書いているのだからと思って、そのまま鵜呑みにするのではない、そういう態度をもって本に接する。そして、できるかぎり、書き手の論理の進めかたを、他の可能性も含めて検討していく。つまり、対等な立場に立って、本の著者の考える筋道を追体験することで、自分の思考力を強化しようというのが、批判的読書の方法です。

ステップ2　鵜呑みにしない態度を身につける

アメリカの大学で使われている批判的読書法のテキストには、批判的な読書の特徴について、いくつかのチェックポイントがあげられています。それをもとに、日本人向けにアレンジし直したのが、九二〜九三ページにまとめた二〇のチェックポイントです。

ここでは、この二〇のチェックポイントの中から、とくに重要だと思われるものをまとめて取り出し、詳しく説明しましょう。

●眉に唾して本を読む

批判的な読書をするためには、何よりも、読んだことのすべてをそのまま信じたりはしない態度が重要です（チェックポイント１〜４）。つまりは、眉に唾して本を読もうということです。

意味不明のところには疑問を感じるような態度が重要なことはいうまでもありません。さらには、意味が通じた場合でも、わかったつもりにならないで、おかしいと思うところを見つけようとする態度を心がけましょう。意味不明なのは、読者の読解力不足だけとはかぎりません。わからない部分は、書き手の側に問題があることも多いのです。つまり、読者は、謙虚になり過ぎてはだめなのです。論旨に照らして理解する。すなわち、それぞれの文章を流れの中で理解しようとすることを忘れないように。すでに、作文の比較のところでいいましたように、書いている側も人間なのです。書いているときに何かを忘れたり、論理に飛躍があったりすることもあります。ですから、おかしいなと思ったら、読み返す習慣をつける。それが大切です。

批判的読書のコツ　20のポイント

批判的読者は……

1. 読んだことのすべてをそのまま信じたりはしない。
2. 意味不明のところには疑問を感じる。意味が通じた場合でも疑問に感じるところを見つける。
3. 何か抜けているとか、欠けているなと思ったところに出会ったら、繰り返し読み直す。
4. 文章を解釈する場合には、文脈によく照らす。
5. 本についての評価を下す前に、それがどんな種類の本なのかをよく考える。
6. 著者が誰に向かって書いているのかを考える。
7. 著者がどうしてそんなことを書こうと思ったのか、その目的が何かを考える。
8. 著者がその目的を十分果たすことができたかどうかを知ろうとする。
9. 書かれている内容自体に自分が影響されたのか、それとも著者の書くスタイル（文体）に強く影響を受けているのかを見分ける。
10. 議論、論争の部分を分析する。

11. 論争が含まれる場合、反対意見が著者によって完全に否定されているのかどうかを知る。
12. 根拠が薄く支持されない意見や主張がないかを見極める。
13. ありそうなこと（可能性）にもとづいて論を進めているのか、必ず起きるという保証付きの論拠（必然）にもとづいて論を進めているのかを区別する。
14. 矛盾した情報や一貫していないところがないかを見分ける。
15. 当てになりそうもない理屈にもとづく議論は割り引いて受け取る。
16. 意見や主張と事実との区別、主観的な記述と客観的な記述との区別をする。
17. 使われているデータをそのまま簡単に信じないようにする。
18. メタファー（たとえ）や、熟語や術語、口語表現、流行語・俗語などの利用のしかたに目を向け、理解につとめる。
19. 使われていることばの言外の意味について目を配り、著者が本当にいっていることと、いってはいないが、ある印象を与えていることを区別する。
20. 書いていることがらのうちに暗黙のうちに入り込んでいる前提が何かを知ろうとする。

（*Critical Reading Improvement*, Anita E. Harnadek, MacGraw-Hill, Inc., 1969, pp.1-2 を参考に作成）

●著者のねらいをつかむ

第二に重要なことは、著者のねらいを理解するということです（チェックポイント5〜9）。文章を書く人は、必ず目的を持っています。目的は、明確に書かれている場合も、書かれていない場合もあります。著者のねらいがわかれば、理解も早いし、批判のポイントをどこにしぼるのかもわかりやすくなります。しかも、著者のねらいや態度は、書いているときのスタイルやトーンに表れるもの。ですから、本を読んで受けた印象が、書かれた内容自体ではなく、そうしたスタイルによって影響されたのではないかどうかをチェックする。それだけでも、著者に簡単に乗せられない態度が身につくでしょう。

しかも、著者は必ずある程度読者を想定しています。誰に向かって書いているのかを探ることで、変な誤解も避けられるでしょう。さらには、本の体裁は、特定の読者を想定していることを示しています。出版社はどこか。ヤワラカ系か、お堅い出版社か。イラストが多いか、ハードカバーかどうかなども、本のタイプを探るうえで参考になります。こうした情報をもとに、著者のねらいがどの辺にあるのかを見極めること。それが、批判的読書のポイントになるのです。

●論理を追う

批判的読書の第三のポイントは、著者の論理を丹念に追うことです（チェックポイント10〜18）。論理に飛躍がないかどうか。過度に攻撃的な主張がないか。論理を丹念に追いながら読んでいく。批判的読書の神髄《しんずい》はここにあります。論争が含まれる場合、反対意見が著者によって完全に否定されているのかどうか。感情的な批判かどうか。反対意見をまったく認めないのか、それとも妥協や調整の跡が見られるのか。攻撃的な文章を批判的に読むためには、対立した意見に対する著者の構えに注目する必要があります。そして、何よりも重要なことは、根拠が薄く支持されない意見や主張がないかを見極めようとする態度です。根拠がどれだけあるのかを見極めることは、批判的読書にとって急所ともいえる部分です。「そうかもしれない」とか、「そうなる可能性もある」といったことがらにもとづく議論は、「必ずそうなる」という必然的なことがらに依拠した議論とは信頼性も違うはずです。

しかも、いくら立派に見える主張でも、根拠となる事実が間違っていては台なしです。とくに統計や数字が出てきたら要注意。出されたデータがそのまま信じられるかどうかを疑ってかかる態度も必要なのです。そのうえで、示されている情報の間に矛盾や対立はないかどうか、読み終わったところをすぐに忘れてしまわずに、前にあげてあったデータや論述とつじつまの合わないところが目についたら注意しましょう。

何かを主張するとき、著者は必ず、それが正しいことを理由づけようとするものです。危なそうな議論は割り引いて読み取るくらいでちょうどよい。このようなときに、注意すべきは、もっともらしいたとえ話や難解な術語にだまされないこと。また、はやりことばの多用も要注意です。流行のいい回しというのは、何となくそのことばの響きだけで、わかったつもりになってしまうものだからです。たとえば、「グローバル化」とか「IT革命」「構造改革」「生きる力」といった決まり文句などです。

●著者の前提を探る

批判的読書を行ううえで重要な第四のポイントは、著者の前提を探り出し、それを疑ってかかるということです（チェックポイント19〜20）。著者が知らず知らずのうちに文章に忍び込ませている前提は何か。暗黙のうちに伝えようとしているメッセージは何か。著者が直接書かずに与えている印象と、実際に書いていることがらとを区別して読み取ることが大切です。意見の表明なのか、それとも事実を書いているだけなのか、著者の主観を交えて書いているのか、それとも一応「客観的」な立場に立って書いているのか。こうしたことを知ることも、著者の前提に近づくためのチェックポイントになります。

さて、あなたの批判的読書力はどの程度でしょうか。普段本を読んでいて、自分でも気をつけていると思える項目はいくつあったでしょう。「何となく、すんなりと文章を読んでいたな」のほうか、「そうそう、こういうことに気をつけながら読んでいた」というほうか。あなたはどちらに近かったでしょうか。

ここであげた批判的読書のポイントのうち、第三の「著者の論理を追う」については、この章の後半で、具体的な方法について、さらに詳しく説明します。

そして、第四のポイントである「著者の前提を探り出し、それを疑う」は、複眼思考にとっては最重要事項ですので、この点の具体的方法は、第2章以下で詳しく説明します。

ステップ3 批判的読書の実践法

それでは、あなたの批判的読書力を簡単にテストしてみましょう。

先に紹介したチェックポイントを見ながら、一〇〇～一〇一ページにある「幼稚園児も4割超す」という見出しで始まる新聞記事をまず読んでみてください。

さて、あなたはこの記事の文章の内容を、どの程度信じて読みましたか。疑いをもって読むことができたでしょうか。

次に、先ほどのチェックポイントのリストを参考に、批判的読書力を使って読むと、どんな読み方ができるのかを見てみましょう。

チェック1　ねらいは何か

まず、この文章の筆者の目的、ねらい（チェックポイント7）について、考えてみましょう。この文章を書いた目的が、ある銀行の調査結果を要約して報告することだったことはすぐにわかると思います。しかし、たんにその事実を紹介するだけがねらいだったのでしょうか。この記事の場合は、見出し（「幼

幼稚園児も４割超す
塾・家庭教師・通信教育／三和銀行調査

学習塾や家庭教師、通信教育といった補助教育を受けている子供の割合は、中学生で七割、小学校高学年で六割に達し、かかる費用は学習塾で中学生が年間三十六万八千円、小学校高学年が同三十二万七千円にもなることが、三和銀行が十六日まとめた「子供の教育に関する調査」（九五年）で明らかになった。年ごとの推移でみると、補助教育を受けている幼稚園児の増加が著しく、九五年は四割を超えており、景気停滞にもかかわらず、「受験ブーム」の健在ぶりをみせつけている。

補助教育を受けている子供の割合は、中学生が七〇・六％と最も多く、小学校高学年が五九・五％、同低学年が四六・七％、幼稚園児が四三・〇％の順で、高校生は四〇・七％と最も低かった。幼稚園児は九〇年の二一・五％から五年間で倍増したことになる。

補助教育の内容をみると、中学生と小学校高学年は学習塾が最も多く、中学生は五七・三％が通い、平均費用は年間三十六万八千円、小学校高学年は三九・五％で、同三十二万七千円だった。

一方、小学校低学年と幼稚園児では通信教育の方が多く、小学校低学年は二九・四％が受け、平均費用は年間三万七千円、幼稚園児は二八・九％で、同二万一千円だった。調査は今年一月、三和銀行の店頭でアンケート用紙を配布し、七百三十五人から回答を得た。

〈補助教育の実態調査〉

	学習塾	家庭教師	通信教育
幼稚園児 (43.0％)	14.1％ 18.4万円	0.0％ —	28.9％ 2.1万円
小学校低学年 (46.7％)	18.6％ 11.5万円	0.7％ —	29.4％ 3.7万円
小学校高学年 (59.5％)	39.5％ 32.7万円	2.7％ —	21.6％ 5.5万円
中学生 (70.6％)	57.3％ 36.8万円	8.1％ 36.5万円	15.3％ 8.3万円
高校生 (40.7％)	29.7％ 39.7万円	4.7％ 42.2万円	11.9％ 10.2万円

三和銀行調べ。上段は補助教育を受けている子供の割合。下段は年間費用の平均。( ) 内は何らかの補助教育を受けている子供の割合だが、重複して受けている子供がいるため、学習塾や家庭教師、通信教育の合計とは必ずしも一致しない。

（読売新聞、1996 年 4 月 17 日付朝刊より）

稚園児も4割超す」）や、第一段落の最後の部分――「年ごとの推移でみると、補助教育を受けている幼稚園児の増加が著しく、九五年は四割を超えており、景気停滞にもかかわらず、『受験ブーム』の健在ぶりをみせつけている」――に、筆者の隠れたねらいが表れています。つまり、幼稚園児でも四割を超える子どもが塾や家庭教師、通信教育を受けていることを印象づけることで、『受験ブーム』の健在ぶり」や受験教育の低年齢化をアピールしようというのです。

チェック2　スタイルによる影響

あなたはこの記事の見出しや前書きを見て、「なるほど、今ではそんなに多くの小さな子どもまでが塾に行っているのか」という印象を受けませんでしたか。もし、そうだとすれば、文章の全体からそう判断したのではなく、見出しや前書きの文章のスタイル（何がどう強調されているか）に影響されたことになります（チェックポイント9）。実際に表をよく見れば、幼稚園児の場合、塾や家庭教師ではなく金額の安い通信教育を受けている割合が多いということに過ぎないのです。それでも、この見出しのスタイルから受ける印象は、塾や家庭教師といった受験産業へのかかわりでしょう。

チェック3　言外の意味の影響

使われている表現の言外の意味の影響はどうでしょうか（チェックポイント19）。見出しの「幼稚園児も4割超す」の「も」に注目してください。この表現には、幼稚園児という幼い子どもでさえ四割以上が塾などに行っているという、受験の低年齢化を暗黙のうちに非難するニュアンスが込められています。この「も」によって、読者は「幼稚園児でさえも……」という反応を引き起こされてしまうかもしれません。

チェック4　データの信頼性

詳しく記事を読んだ結果、あなたは、ここに示されているデータをどれだけ信頼してよいと判断したでしょうか。その判断は、文章の最後に書いてある「調査は今年一月、三和銀行の店頭でアンケート用紙を配布し、七百三十五人から回答を得た」というところをどれだけ注意して読むかにかかっています。たしかに、この調査に答えた親たちの回答からすれば、幼稚園児の四割以上が何らかの補助教育を受けています。それは事実です。問題は、この数字が出てくる根拠です。

文章の最後の部分によれば、調査対象者はこの銀行のお客さんということになります。場所も明記されていませんから、それが大都市の顧客なのか、それとも地方まで含まれるのかはわかりません。こうしたアンケートが銀行に置いてあって、それにわざわざ回答した人たちの結果を集めると、「幼稚園児も4割超す」という結果になったのでしょう。もしかしたら、たいへん教育熱心な人たちが多く住んでいる地域の支店の回答が多かったのかもしれません。少なくともこの結果から、日本の子ども全体のことだという印象を受けてしまったとしたら、それはデータの読み取りを慎重に行わなかったことになります。

しかも、回答者が七三五人しかいなかったということもこのデータの信頼性を判断するうえで重要な情報です。それでは七三五人の回答者のうち、幼稚園児を持つ人は何人くらいだったのでしょうか。この記事からはわかりません。

幼稚園児から高校生までの結果がのっているということは、子どもの年齢にばらつきがあると推測できます。七三五人全部が幼稚園児の親だというわけではないでしょう。その何分の一かの数字が、「幼稚園児も4割超す」の母数となる数字です。そうだとすればなおさらのこと、この結果から一般的な印象を与える記述をすることは、たいへん危険なことになるでしょう。少なくとも、このデータから「幼稚園児も4割超す」という結果を、ことさら特筆して見出しにしてしまうことが、データの信頼性を注意深く検討したうえで行われたことではないといっていいと思います。

チェック5　客観的な記述と主観的な記述

この記事は、一見するとほとんどが調査結果の紹介という「客観的な記述」

のように見えます。あなたはどう読みましたか。ここでも、第一段落の最後の部分を取り出してみましょう。

「年ごとの推移でみると、補助教育を受けている幼稚園児の増加が著しく、九五年は四割を超えており、景気停滞にもかかわらず、『受験ブーム』の健在ぶりをみせつけている」のうち、「年ごとの推移でみると」から「九五年は四割を超えており」まではたしかに、それ以下の調査の結果を要約した記述のようです。しかし、その次の「景気停滞にもかかわらず、『受験ブーム』の健在ぶりをみせつけている」の部分は、そうした結果を踏まえた筆者の判断や意見の表明――つまり、主観的な記述の部分です。そうだとすると、この主観的な部分が、どれだけ論理的に正しいかということが、この文章を読むときの重要なポイントになります。

チェック6　暗黙の前提

それでは、この記事の筆者は、どのような暗黙の前提を持っていたのでしょうか（チェックポイント20）。それを探るためには、先ほど「も」に注目した「幼稚園児も4割超す」の見出しや、「受験ブーム」ということばに着目すればよいでしょう。こうした表現には、受験教育の低年齢化や補助教育を子どもに与える親たちへの暗黙の批判が含まれています。ある銀行の調査結果を紹介するかたちを借りて、受験教育の低年齢化に警鐘を鳴らそうという暗黙の意図が前提になっていると考えられるのです。

この前提が、くせ者なのです。というのも、読む側にも、こうした受験教育を批判する「常識」が共有されているからです。受験教育が悪いというステレオタイプにはまっている筆者と読者の間にこの種の情報がおかれると、「やっぱり」とか、「えっ、そんなに多くの小さな子どもまで受験教育に巻き込まれているのか」といった反応が作られ、それがまた当初のステレオタイプを強化することになるのです。

しかし、これまでのチェックポイントでも示したように、このような批判をするための根拠として、この調査の結果が信頼に足るものかどうかには、疑問が残ります。にもかかわらず、読者の側が共有している「受験教育＝悪」というステレオタイプにはまると、「やっぱりそうか」という常識強化の役割を、この文章は果たしてしまうのです。

そもそも、銀行が店頭で（つまり顧客だけを相手に）こうした調査をする目的や動機を考えてみると、この結果から、こうした前提にもとづく読み込みがいかに危ういものか、理解できると思います。おそらく銀行にとってこの種の調査の目的は、教育ローンをはじめとする営業に役立つ情報の収集なのかもしれません。そうだとすると、あくまでも自分のところのお客さんが、教育にどの程度お金を使っているのかを知ること自体に意味があったのでしょう。

そして、どんな教育にお金を使っているのかに付随して、塾に行ったり、家庭教師をつけている家庭がどれだけあるのかを知る必要があったと考えられるのです。つまり、調査の主眼は、顧客である家庭が支出している教育費の額を知ることであり、どれだけの子どもが塾に行っているのかが主な目的ではないと考えられるのです。

しかし、このように予想されるそもそもの調査の意図を離れて、この記事は読者の常識にピンと反応する部分を取り出し、それを強化するはたらきを持ってしまいました。それは、「受験教育の低年齢化」というメッセージによってです。こうして、批判的に読まずにさらっと読んでしまうと、ステレオタイプにはまってしまうことになるのです。

では、いかにしてこうした前提を見抜いていくか。そして前提を取り出して、吟味してみるか。その具体的な方法は、第4章で説明しますので、もう少し待ってください。ここでは、批判的に読むことにより、どれだけ常識にはまらないですむのかを知り、そのための批判的な読書のチェックポイントを習得することが重要なのを知ってほしいのです。

●ポイント●

1　著者と対等になって文章を読む。書かれたものを不動の完成品だとは思わない。

2　批判的に読書するためには二〇のチェックポイントがある。

3　その中でも重要なチェックポイントとして以下の四つをあげることができる。

（1）著者を簡単には信用しないこと

（2）著者のねらいをつかむこと

（3）論理を丹念に追うこと、根拠を疑うこと

（4）著者の前提を探り出し、疑うこと

数字にだまされるな

私たちが目にする情報の中には、さまざまな数字が含まれる。「〇〇の調査によれば」といった書き出しで、さまざまな統計が紹介され、それを根拠にいろいろな主張が、明確に、あるいは暗黙に行われる。数字を注意深く読むことは、現代人にとって大切な技術のひとつになっている。

調査などの統計を読む場合、その数字の根拠がどこにあるのかに目を向ける。対象者がどのような人たちであり、また、どのように選ばれたのかを気にすることで、単純な誤解は避けられる。

とくにアンケート調査の場合には、パーセントで回答率が示されることが多いので、そのパーセントを算出するための母数がどれくらいかを見ておくことが重要になる。そうした情報抜きにパーセントだけが示されているときは要注意だ。

調査以外でも、数字の根拠が疑われずに通用している「マジックナンバー（魔法の数字）」がある。入試の偏差値はその典型だ。過去の模擬試験の受験者を対象に算出される偏差値は、何人の受験者が根拠になっているかの情報抜きに信じられている不思議な数字だ。全体の受験者数は書いてあっても、それぞれの大学や学部・学科ごとの根拠となった数は通常知らされない。最近の入試は多様化しており、それぞれの学科ごとの受験者数は減っている。つまり、偏差値算出の根拠となる母数が減っているのだ。もととなる母数の大小で偏差値の精度は大きく違ってくる。たとえば、一〇〇〇人をもとに出した偏差値の合否予測と、三〇人のそれでは、当然信頼度が違う。ところが、大学などの偏差値ランク表には、そのような根拠はいっさい書かれていない。大学ランク表の偏差値の一点、二点の違いに意味がないことは、それぞれの数字の裏側まで目を向ければ、簡単にわかるのである。

ステップ4　批判的読書にチャレンジ

次の文章を使って、批判的読書の練習をしてみましょう。（　）の中には、それぞれの例文を読むときのチェックポイントの例を示しておきました。自分でじっくり読んで考えてみてください。

例文1（議論の単純な点はどこか。議論の前提は何か）

「偏差値ではかる能力は、記憶力、頭の回転の速さ、がまん強さの三つ。この競争で学校での人間の価値は画一化され、多様な能力を評価できなくなった」（「数字で選別　学校は窒息した」『朝日新聞』一九九五年七月一五日付朝刊より）

解説　この例文については、第4章で詳しく展開しています。自分なりの批判を書いた後で、第4章を読んでみてください。

例文2（一九六六年に書かれた文章であることを踏まえて、今の時代とのずれを考える。どのような前提が変わったのか。どの部分は変わらないのか）

日本とアメリカとを比べて、どちらがストレスやテンションが多いだろうか。アメリカの生活は一見大層気楽で、豊かで、暮らしの苦労はなさそうに見えるけれど、アメリカに暮らして、彼らの生活に深く触れてみればみるほど、実際は、その逆のような気がしはじめてきた。彼らの生活のテンションは、日本のそれよりはるかに高いのではないかと思われる。

だいいち、アメリカには年功序列というものがない。大過なくじっとしていれば、年とともに給料も地位も上がるというようなことは、絶対に期待できない。それどころか、クビがいつとぶかわからない。会社はその人の仕事がその給料に値しないと判断すれば、いとも簡単にクビをきってしまう。逆に、充分の働きがあり、いまよりもっと高い地位と給料で雇ってくれる会社があれば、即座にいまの会社をおさらばして、その良い地位につくこともできる。働きがあれば、自分で自分の地位をあげてゆく方法はいくらでもあるが、反面、働きがなければ明日にも地位を失うかも知れない。それが上位になればなるほど厳しいのである。

（盛田昭夫『学歴無用論』朝日文庫版、六〇〜六一ページ、一九八七

年、ただしもとの文章は一九六六年に文藝春秋から単行本として出版された)

解説

日米の比較は、誰を念頭に置いているのかによって、その意味が違ってきます。トップマネジャーについて比べているのか、それとも一般のワーカーか。とくに現場のワーカーを念頭に置いているのだとすれば、この記述には疑問も出てきます。

第二に、仕事の面でのストレスやテンションを問題にする場合、仕事から解放された余暇の部分が日本とアメリカとではどのようになっているのか。それによっても、人間の生活全体としてのストレスやテンションの度合いは異なってくるはず。この点についての記述がないことも、著者の前提を探り出すうえでヒントになります。

第三に、「バブル崩壊」以降のリストラ時代の現代から見ると、後半の記述のどこが時代遅れに見えてくるのかも、チェックポイントのひとつです。三〇余年という年月を経て、盛田氏の認識が、日本の現実とどのようにずれているのか、いまだに合致する部分はどこなのかを考えていくと、六〇年代の「常識」と現代の「常識」の差が見えてくるはず。

考える読書　四つのヒント

この章で紹介した以外の思考力育成読書法として、四つを紹介しよう。

その一　論争を読む

批判力を身につけるためのひとつの方法は、すぐれた「論争」を読むことである。ひとつの事件やことがらをめぐって、複数の論者が議論を戦わせる。雑誌や新聞紙上で繰り広げられる論争や、それらを集め一冊の本にしたものを材料に使うのだ。この方法の利点は、すぐれた論者たちの批判のしかたを実例をもって学べるところにある。

その二　先を読む読書

これは、詰め将棋ならぬ「詰め読書」の方法。詰め将棋のように、詰めの部分を自分で考えることによって、考える力を高める読書法である。選んだ本の一段落なり、一節なり読んで、そこまでの情報をもとに、次に著者がどんな議論を展開するのかを自分で予想してみるのだ。著者のそれまでの議論を材料に、自分なりの議論を組み立ててみる。その後で、実際に著者がどのように書いているのかを確かめるという方法だ。これによって、自分の展開した議論と著者の議論とで、詰めの厳しさ、甘さを比べたり、結論が同じ方向に向かっていたかどうかを点検することができる。

さらには、著者が問題を提示したところで、いったん本や論文を置き、どんな方法を使って著者が論証をしようとするのかを予想する。どんな証拠を持ってくるか。どんな資料に当たるのか。「自分だったら」という立場に立って、こうした点を検討してみるのである。この方法を実践するうえで、新聞の社説や『日本の論点』（文藝春秋）の論考などが役に立つ。後者は、各執筆者の立場が比較的明解なので、予測が立てやすいだろう。

その三　古い文章の活用

昔出版され、話題となった本、あるいは一〇年くらい前の新聞記事を読み直してみる。当然ながら、今の私たちは、その後の時代の変化を知っている。そうした有利な立場から、その文章が書かれた当時、どのような制約があって、今から見れば気づくような問題が見えなかったのか。時代の制約ということを、後世の立場から検討してみるのだ。

たとえば、先ほどの例文2は三〇年以上も前に書かれた文章である。リストラ旋風の吹き荒れる今の時代から読むと、どんな制約があったと考えられるか。同じように、バブル経済のころの新聞記事を例に読んでみるのもよいだろう。あるいは、少々手強いが『世界主要論文選』(岩波書店、一九九五年)などの「古典」的論考と格闘してみるのもよいだろう。

その四　書評のすすめ

書評は、本のエッセンスをとらえたうえで、まだ読んでいない人にもわかりやすく説明し、さらには読み手の問題意識に引きつけて、批判やコメントをする文章のことである。したがって、書評を書くことは、その文章のエッセンスを的確にとらえ、それを明確に表現する練習となる。

同時に、本を褒《ほ》めちぎった書評は物足りないもの。本の問題となる箇所を的確に指摘しておくことも書評にとって大切なのである。新聞の書評を参考に、同じ本を自分なりに書評してみたらどうか。手短に書く練習にもなる。試みにこの本の書評を書いたらどうなりますか?

第2章　考えるための作文技法

1　論理的に文章を書く

ステップ1　批判的読書から批判的議論へ

私は数年前まで、大学で三年生を対象にした「教育社会学調査実習」というゼミを担当していました。学生たち自身が、教育をテーマにアンケート調査を実際に行い、そのデータを分析して報告書を書くという「実習」のゼミです。何を、どのように調べるか。どんな現象に注目するか。その現象の原因と結果について、どのような予想（仮説）を立てるか。その予想を実際にテストするためには、どのようなアンケートの質問項目を作るか。そして、回答を得てからは、その予想が当たっていたか外れたかを確かめるのに、どのような質問同士の関係を見ればよいか。このような調査にかかわるさまざまな方法を実習を通じて勉強していくのです。

このゼミでは、学生たちが毎年自分たちで企画を立て、テーマと対象を決めることにしていました。そして、調査報告の成果を各自がレポートにまとめ、大学の学園祭である五月祭で発表します。一人当たり、原稿用紙にすれば二〇〜三〇枚程度のレポートを書いて、それを編集、印刷した報告書をもとに、五月祭での発表を行うのです。したがって、学生たちにとっては、この報告書が一年間の学習の成果ということになります。毎年、この報告書を見ていると、最初は調査のイロハも知らなかった学生たちが、一年間でよくこれだけのことができるようになったと驚かされることが少なくありません。私にとっても、この報告書は授業の成果だったのです。

ところで、五月祭開催は、ちょうど次の年度の三年生たちが調査についての基本を勉強している時期に当たります。前年度の成果の発表の時期が、次年度のゼミの導入部に重なるわけです。

そこで新三年生向けのゼミでは、毎年、五月祭で発表された先輩たちのレポートを学生たちに読んでもらうことにしました。「なるべく批判的に読みなさい」という指示を与えて、ゼミで報告してもらうのです。

たいていは厳しい批判が返ってきます。たとえば、高校生が親を尊敬しているかどうかを、「親が欲しいものを買ってくれるかどうか」「自分が家にいると心が休まるかどうか」「こづかいをくれるかどうか」と関係させた分析を読んだときです。このレポートでは、親が欲しいものを買ってくれるほど、また、家にいると心が休まると思っているほど、高校生は親を尊敬しているという結論を紹介し、そこから「親を尊敬しているというのは、こづかいをあげてやるくらいではダメで、心休まる家庭作りが大切であり、たまには欲しいものを買ってやるという感じだろうか」という解釈をしていました。

この部分について、読んで報告した新三年生のひとりは、「全体的に何をいっているのかわからない」というコメントをしています。そして、「全体を通して、いまいち明確な印象が得られなかった」といい、「こじつけが目立つ」と結論づけました。

同じように、他のレポートに対しても、「議論の出発点の前提があいまいである」とか「一見もっともらしい結果が示されているが、心情的に疑問を持った」といった批判が提出されます。なるほど、辛辣《しんらつ》な批判があびせられるわけです。五月祭のレポートを読むときには、当の執筆者である四年生にも出席してもらいます。その文章を書いた先輩たちは、後輩たちの批判にたじたじとなることもありました。

しかし、これらの批判が非難ではなく、建設的な批判となるかどうか。そこがポイントです。

このような批判は、ほぼ毎年のように繰り返されました。毎年繰り返されるということは、批判をするゼミの学生が、翌年には、次の代の学生たちに同じように批判されたということを意味します。つまり、三年生になり、このゼミでの勉強を始めたばかりのときには、ほかの人の書いたものを容赦なく批判できるのに、いざ自分たちで同じように書く段になると、やはり後輩たちから批判される部分を残していたということです。

このような批判の繰り返しは、何を意味しているのでしょうか。批判をする側にとどまっている間は、先輩たちの書いたレポートの中に容易に欠点を見つけ、そこを衝くことができる。しかし、その批判の目は、まだ自分たち自身には十分向けられない、ということです。つまり、三年生の批判の多くは、自分たちが書く側に回ったときの立場からの批判ではなく、まだ読むという立場からの一方的な批判であるのです。そのため、ある意味では無責任に相手の欠点を見つけ、そこを非難することができるのです。

学生たちは、私から「なるべく批判的に読みなさい」とか、「批判的なコメントをつけなさい」といわれると、どうも相手の欠点や欠陥を探すことを「批判」だと思いがちです。そのような態度で本や報告書に接する場合、ちょっとした欠点を見つけると、「しめしめ、ここを指摘してやろう」と、自分のことを棚上げして、その発見に喜んでしまったりします。そして、「あいまいだ」とか「こじつけだ」といった辛辣な批判をして満足するのです。

そこで、このようなスタイルの批判を見つけると、私は学生たちにこういいます。

「論理の飛躍があるというのだったら、どうすれば飛躍を埋めることができるのか。その代案を考えなければ十分な批判とはいえないよ」

「心情的に疑問が残るというのなら、どのような疑問なのか。またそれが分析者の示した結果と合致しないのはなぜか」

「あいまいだというのなら、どうすれば議論を厳密にできるのか。あいまいさを取り除くための代案は何だろう」

といったことです。


問題点を探し出すことで止まってしまっては、「批判的読書」は思考力を鍛える半分までの仕事しかできません。考える力をつけるためには、もう一歩進んで、「代案を出す」ところまで行く必要があるのです。そこで、私は学生たちに、「自分だったらどうするか、というところまで考えて、そして、考えたことを考えたままにしないで、必ず紙に書くこと」を強調します。思考を厳密にするうえで、書くことこそが、もっとも基礎的な営みだからです。

第1章では、批判的な読書の方法について説明しました。そこでは、書かれたものを鵜呑《うの》みにしないことが重要であると指摘しました。著者と対等な立場に立って、論理を追っていくこと、そして、書くということを追体験するための方法を説明しました。

今度は、このような批判的に読む立場から、その批判を受けて自分自身で考えていくことを、説明していきます。複眼思考法の第二段階は、「批判的に書く」です。

ステップ2　書くことと考えること

考えるという行為は、その考えが何らかのかたちで表現されてはじめて意味を持つものです。よく会議などで、腕組みをして目をつぶり、何もいわずに黙ったままの人がいます。思慮深そうに見えるものですから、何もいわない分だけ、きっとすごいことを考えているに違いない、と思ってしまうこともあるでしょう。たしかに、「沈黙は金」の日本社会では、黙っていることのほうが、気軽に意見をいうよりも「賢《かしこ》く」見えることがないわけではありません。しかし、頭の中で、どんなにすごいことを考えていたとしても、それを他の人に表現しないかぎり、その考えは、ないに等しいのです。

実は、表現しようとすること自体が、「考える」ことのたいへん重要な部分を担っています。第1章で書いた「私の決断のとき」の作文を思い出してみてください。あの文章を書いたとき、頭の中でどんなことが進んだのか。「これを次に書こうか、それとも、こっちにしようか」とか、「ああ、やっぱりこのことは書くのをやめよう」とか。あるいは、「このことばを使ったらいいたいことにピッタリくるな」とか、「ああ、このことをいうにはどんな表現を使ったらいいんだろう」とか。自分の考えを表現しようとすることの過程自体が、考える力を強める重要な契機となっているのです。

考えを表現するといっても、大きく分ければ、「話す」と「書く」の二つがあります。

話す場合には、たいがい、聞き手がすぐ近くにいて、そのとき、その場で自分の考えに表現を与えながら、さらなる考えを進めていく。あるいは、考えながら話したり、話しながら考えるといったことを行っています。

それに対して、書くという表現の場合には、たいていはひとりで、じっくり時間をかけて、ノートやパソコンなどを使って、考えたことを文字にしていったり、あるいは考えながら文字にしていくことが多いはずです。考えたことが消えずに文字として残ることも、話す場合とは大きく違う点です。ちょうど本という活字メディアが、読者にとって自分のペースで考えながら読んでいくことができるのと同じように、書くという行為は、話すのと違って自分のペースで、行きつもどりつしながら、考えを進めていくことができる表現方法なのです。

しかも、考えたことを文字にしていく場合、いい加減であいまいなままの考えでは、なかなか文章になりません。何となくわかっていることでも、話し言葉でなら、「何となく」のニュアンスを残したまま相手に伝えることも不可能ではありません。それに対して、書き言葉の場合には、その「何となく」はまったく伝わらない場合が多いのです。身振りも手振りも使えません。顔の表情だって、読み手には伝わりません。それだけ、あいまいではなく、はっきりと考えを定着させることが求められるのです。そのような意味で、書くという行為は、もやもやしたアイデアに明確なことばを与えていくことであり、だからこそ、書くことで考える力もついていくのです。

ステップ３　接続のことばの役割を知る

それでは、どうしたら考える力を養う文章が書けるのか。その第一歩は、文と文のつながりに気をつけながら、文章を書いていくということになります。

まずは、次の文章を読んでみてください。これは、高校入試から偏差値が排除されたことについてのある学生のレポートです。

この例文をもとに、文と文のつながりをどのようにしていけば、明晰な文章が書けるか——つまり、明晰に考えをことばに表せるのかを見ていくことにしましょう。

偏差値教育に対する批判は、最近の報道等を見ると悪い面のみがクローズアップされているように思われる（1）。その多くの意見に私もうなずかされるものがあるのも事実である（2）。たしかに、偏差値至上主義的な教育は生徒の個性を完全に押しつぶしているし、生徒の傷つきやすい心をゆがんだものとしてしまっていると思う（3）。それに、偏差値で人間を評価するというやり方が中学、高校だけでなく、就職する際にも見られるのはやはり教育現場での偏差値至上主義によるものと思われる（4）。人間の社会・仕事での適性は、大学の偏差値だけでは絶対に測れないはずなのに、実際には学歴社会が深く根づいている（5）。

だから、「偏差値がすべて」という考え方、やりかたはいけないと思う（6）。しかし、偏差値全廃というのも、それがいいかどうか私には今のところははっきりと考えを持つことができない（7）。

知り合いの中学の先生が、昨年（著者注　偏差値が高校入試から排除された最初の年）は「受験指導が非常に難しかった」といっていた（8）。ある意味では偏差値は教師の受験指導をかなり楽にしてくれる道具である（9）。教師が楽をするためだけに偏差値を導入するのはどうかと思うが、しかし、教師の時間、体力、能力は有限である（10）。生徒の受験指導のみに専念して、生活指導などがおろそかになるのはけっしていいことではない（11）。あくまでも、偏差値は評価のひとつ、という考えで偏差値を取り入れるのは、そんなに悪いこととは思えない（12）。ただ、そういう考えを厳しく自分に課し続けるのは非常に難しいと思うので、やはり偏差値そのものを廃止したほうがいいのかどうか、判断つきかねる（13）。

〔カッコ内の番号は、文の番号を示す〕

さて、この学生が何をいいたいのか、あなたはわかりましたか。この文章の結論は何か。そこにいたるまでの論の運びかたはどうか。第1章でやった批判的読書法を応用して、まずは、この文章を解読することから始めましょう。

この文章の書き手がいいたいことは、第二段落の「偏差値全廃というのも、それがいいかどうか私には今のところははっきりと考えを持つことができない」という部分に集約されています。偏差値全廃が、いいのか悪いのかはっきりできないということが結論です。問題は、この結論にいたるプロセスです。この文章では、いろいろなことが行きつもどりつしたまま表現されているために、先ほど指摘した第二段落の最後のところを読むまでは、書き手が何をいいたいのかはっきりしないまま文が続いていることがわかるでしょう。そのために、一見すると、意見が一貫していないように読まれてしまいます。

もちろん、結論自体が「はっきりと考えを持つことができない」というのですから、意見が揺れているのはしかたがないことです。しかし、なぜはっきりとした判断ができないのか、その理由がうまく説明されているとはいえません。

その最大の理由は、文のつながりが、論理的にどうなっているのかはっきりしていないためです。その点を明らかにするためには、文と文をつなぐ「接続のことば」に注目してみるとわかります。文のつなげかたに着目して、もう一度ていねいに見てみましょう。

第１文は、新聞などでの偏差値教育報道への書き手の見かたを示した部分です。「悪い面のみがクローズアップされている」といっているように、書き手は、偏差値教育の見かたのうち、「悪い面」に着目していることを述べています。

第３文は、「たしかに」という接続のことばを使って、新聞報道などでいわれていることを書き手なりに要約し、それに自分の意見を加えています。この「たしかに」という表現は、報道の中でいわれていることが主に「偏差値至上主義的な教育は生徒の個性を完全に押しつぶしている」とか「生徒の傷つきやすい心をゆがんだものとしてしまっている」といった「悪い面」の例示になっています。そして、それを踏まえて、「たしかに、……と思う」という構文で、自分もその意見に賛同していることを、それとなく伝えています。

しかし、ここであいまいなのは、「生徒の個性を完全に押しつぶしている」とか「生徒の傷つきやすい心をゆがんだものとしてしまっている」といっているのは、新聞なのか、それとも書き手の意見なのかということです。とくに、「完全に押しつぶしている」という表現は断定的であり、それだけ、その根拠がどこにあるのか気になる部分です。それを「たしかに」で、あいまいに文をつなげてしまったために、これが報道から得た知識なのか、自分なりの判断なのかわかりにくくなってしまったのです。

このあいまいさから逃れるためには、たとえば新聞から得た知識であれば、「ある新聞（できればどの新聞のいつの記事なのかを明記したほうがよい）によれば」というようにつなげば、もっとはっきりするでしょう。そうではなく、自分の意見を交えた記述なのであれば、「たしかに」の代わりに「これらの報道から私は、偏差値至上主義的な教育は生徒の個性を完全に押しつぶしているし、生徒の傷つきやすい心をゆがんだものとしてしまっているのではないかと思う」と、判断の主体が私であることを、はっきりと主語である「私は」を出して、しかも、その判断の根拠が「報道」によることを明示すればよいのです。

第4文の「それに」も問題。このように、視点の転換を含む事例の追加の場合、もっとはっきりと、それが別の問題点に属することを伝えたほうが、論理的にはすっきりするはずです。たとえば、「一方、こうした学校内の問題に加えて」というつなぎかたをしたほうが、議論が別の問題に移っていることを明確に示せるはずです。

第5文「人間の社会・仕事での適性は、大学の偏差値だけでは絶対に測れないはずなのに、実際には学歴社会が深く根づいている」は、第4文を説明したものだと思われます。ただし、この文章内部のつながりかたは、あまり明確ではありません。「測れないはずなのに」「実際には学歴社会が深く根づいている」というのは、どういうつながりか。「はずなのに」というのは、次に、それに反することをいうための接続のことばです。とすると、その後に続く意味は、「測れないのに、測っている」という趣旨のことが続くはずです。

それをいうために、ここでは、「実際には学歴社会が深く根づいている」という表現が使われています。つまり、この文章のつながりかたは、「学歴社会」ということばを使うことで、〔適性などにお構いなく、偏差値だけで就職が決まる状態が続いている〕というメッセージを暗黙のうちに作り出しているのです。

このようなつなげかたは、「人間の社会・仕事での適性は、大学の偏差値だけでは絶対に測れない」の「絶対に」という強調と対にすることで、まるで学歴社会の現状は、「絶対に測れない」ものを無理やりに測っている社会だということを暗黙のうちに意味してしまいます。しかし、そういえる根拠がどこにあるのかは、まったく示されません。「学歴社会」という常識を頼りに、それを無批判に受け入れて、文章が組み立てられています。

さて、いよいよ後半の問題の部分に入ります。

第6文「だから、『偏差値がすべて』という考えかた、やりかたはいけないと思う」は、段落を変えて、「だから」という接続詞で前の段落とつながっています。この「だから」は、「以上の理由により」という、第一段落を受けて自分なりの判断を引き出すためのつながりをつける役割を果たしています。しかし、この「だから」は、理由の説明としては、まだあいまいです。「偏差値がすべて」という考えかたが悪いと判断する根拠は、どこにあるのか。前の段落でいっていることすべてを受けての「だから」なのか。さらには、「だから」全面的にいけないといいたいのか、それとも、部分的にいけないといいたいのか。こうしたことをはっきりさせずに、何となく結論が述べられているのです。

さらにかぎカッコをつけて「『偏差値がすべて』という考えかた」という表現によって、第一段落で述べたことを、要約しています。この部分から読者が受ける印象は、ああ、新聞などの報道でいっていることはせんじ詰めれば「『偏差値がすべて』という見かた」なんだ、ということになります。そして、このように要約された偏差値に対する見かたに対して、「いけないと思う」という判断を下しています。この要約は、議論を単純化し過ぎる危険性があります。「だから」という接続詞が、そうした少々乱暴な要約を許してしまう文章の流れを作り出しているのです。

第7文「しかし、偏差値全廃というのも、それがいいかどうか私には今のところははっきりと考えを持つことができない」というところで、議論は急展開します。「しかし」は逆説を示す接続詞ですから、これまで述べてきたことと逆のことをいうためのつなぎのことばです。この「しかし」のところで、読者はちょっとびっくりするでしょう。なぜなら、それまで書いてあったことは、「完全に」とか「絶対に」という強調がつけられていたことから、かなり強い調子の偏差値教育批判の印象を与えているからです。

ところが、読者は次の**第8文**以下に出会うと、〈あれ、これからどうなるのかなあ」という不安な気分になるでしょう。読者は、なぜ「私には今のところはははっきりと考えを持つことができない」のか、理由の説明があることを期待するからです。ところが、理由を述べる接続のことばがはさまらないまま、知り合いの中学教師の話に移ってしまいます。ここで第８文のところで、「というのも、次の理由によるからである。たとえば、……」という文章をはさんで、さあ、これからそう思う理由を述べますよ、と読者に知らせておくことが、論理を明快にします。そして、すぐに「知り合いの中学の先生が」といかないで、それが、理由を述べるための重要な根拠となる事例であることも、「たとえば」とか「私自身の見聞きしたことでも」とかいう表現で、伝えておいたほうが論旨ははっきりします。

第9〜11文は、第8文からの展開です。第9、10文を踏まえて、第11文では、偏差値を使わない場合の問題点が指摘されます。しかし、この第11文には、「したがって」とか、「こうしたことから」といった、それまで述べたことを根拠に、この文章の主張が行われていることがはっきりわかるようなことばが書かれていません。

第12文「あくまでも、偏差値は評価のひとつ、という考えで偏差値を取り入れるのは、そんなに悪いこととは思えない」もわかりにくいつながりです。これは、おそらく第一段落で述べたことと、最後の段落でこれまで述べてきたことの両方を合わせて下している、暫定的《ざんていてき》な結論のはずです。第一段落で、「偏差値がすべて」はいけないと述べておいたことを踏まえて、「すべてでなくて、評価のひとつ」なら、第8～11文までで述べたことを考慮すると、こうもいえる、という論理になっているのです。そうだとすれば、第一段落を受けて、前にいったこととのつながりをはっきり示す表現を加えたほうがわかりやすくなるでしょう。

最後の**第13文**は、結論の部分を示す文章のはずです。それにしては「ただ」という接続のことばが弱すぎます。この「ただ」は、第12文を受けて、「そうはいうものの、そううまくはいかないよ」ということを伝えるために使われています。第12文のところで、場合によっては偏差値を取り入れても悪くないといったことに対して、それを否定するのが、第13文のねらいですから、この文章は「ただ」で始まってしまったのです。しかし、その第12文のところで、全体とのつながりをうまくつけそこねたために、結論部分としては弱い表現になってしまいました。

「非常に難しいと思うので」の「ので」もわかりにくい表現です。この「ので」は理由を表すはずです。もし、書き手が「そういう考えを厳しく自分に課し続けるのは非常に難しい」と判断するのであれば、やはり偏差値は廃止すべきだという結論になりそうです。ところが、そうはなっていません。その理由は、「そういう考えを厳しく自分に課し続けるのは非常に難しい」といっていながら、それがまったく不可能であるともいっていないためです。「そういう考えを厳しく自分に課し続ける」ことができるようになれば、偏差値も悪くないとなるのです。つまり、書き手の結論が「判断つきかねる」となったのは、この条件の可能性をどの程度見込むかという判断に依存しているのです。しかし、そのような条件によって判断が変わるということが、はっきりと書き手自身にも意識できなかったために、このようなあいまいな表現にとどまってしまったのです。

さて、文と文をつなぐということに注目することがいかに大切なことか、この例からわかったと思います。この書き手のいわんとすることを、もっと論理的に明確に書くとしたらどうなるか。私なりの書き直しの例を次にあげておきます。先ほどの文章とどこがどう違うか、確認しながら読んでみてください(とくに注目してほしいところには、傍線を引いておきました)。

私は、偏差値の全廃がはたして学校にとっても子どもにとってもよいことか悪いことなのか、判断がつきかねる。なぜなら、偏差値には、功と罪の二つの面が分かちがたく結びついているからである。その理由を功と罪の二つに分けて以下に説明しよう。

まず、偏差値の「罪」の部分である。偏差値はあくまでも評価のひとつに過ぎない。にもかかわらず、偏差値だけで人間のすべてを評価してしまう偏差値至上主義が、教育現場ではびこっている。偏差値だけで評価されると、生徒の個性は押しつぶされかねない。傷つきやすい年ごろの中学生の心をゆがめてしまうかもしれない。生徒たちへの影響という点で、偏差値が重視され過ぎることに疑問を感じるのである。

もうひとつの問題点は、偏差値が人間の能力評価として過大に使われていることである。偏差値は学力を測定しているだけである。それなのに、たとえば就職の際には大学の偏差値がものをいう。社会に出てからの職業適性や能力とまったく一致するわけでないのにもかかわらず、大学の偏差値だけで就職が決まることもある。そして、その背景には、学歴のみを過大に重視する学歴社会がある。

このように偏差値には問題がある。その一方で、やはり便利な点もある。つまり、偏差値の「功」の部分である。知り合いの中学校教師によれば、「偏差値が入試から撤廃されて、受験指導が非常に難しくなった」という。この例は、偏差値は教師にとって、受験指導をするうえで有用な情報源だったことを示している。偏差値がなくなり、それに代わる情報を集めなければならなくなったために、教師はこれまで以上に忙しくなったという。教師の仕事は、受験指導だけではない。生活指導をはじめ、他の仕事もたくさんある。偏差値がなくなることで、他の仕事が犠牲にされるとしたら、それは学校にとっても生徒にとっても問題であろう。それゆえ、教師の限られた時間や体力、能力を考慮すれば、受験に役立つ情報として偏差値には一定の意味があったと考えられるのである。

このように、偏差値には功も罪も両方ある。罪の部分、すなわち、偏差値は評価の一部に過ぎないことを教師が十分認識していれば、偏差値を使うことが直ちに悪いとはいえなくなるだろう。しかし、教師が偏差値を評価の一部に過ぎないことを十分認識できるかどうかは、難しい課題である。その困難がどれだけのものか、私はよくわからない。したがって、私としては、現状では偏差値の全廃の是非について判断がつきかねるのである。

私の書き直したこの文章について、念のために注意点を二つ述べておきます。第一に、この文章は論理の展開を自覚的に行うために、ややオーバーに接続のことばを補っています。つまり、どのような論理で文と文をつなげていけばよいのかを練習するために、ややくどくなっている文章だということです。このような論理の進めかたを押さえたうえで、洗練された文章にするためには、もっと、接続のことばを削る必要があるでしょう。そのほうが、文章自体としては読みやすくなります。その意味で、この文章は、まだ推敲《すいこう》の途中にある文章だといえます。

第二の注意点は、この文章は、すでに、考えを深め、結論にまで到達したうえで、それを論理的にわかりやすく表現することを心がけた場合の文章だということです。つまり、いったん、何がいいたいのかをはっきりさせたうえで、それを論理的に整理し直すと、こうなるだろうという見本です。この例の場合には、すでにいいたいアイデアが出されていました。それを、論理的に書き直すとこうなるという例なのです。

楽屋裏の話をすれば、第1章の「私の決断のとき」の作文と同様、ここにいたるまでに私は何回も書き直しています。最初から、論理的にこのように考えていったというわけではないのです。

このような留意点を踏まえたうえで、この文章を例に、論理を明確にするためのコツをあげれば、次のようにいえるでしょう。

●ポイント●

1　まず、結論を先に述べ、それから、その理由を説明するというスタイルをとる（↓「私は、偏差値の全廃がはたして学校にとっても子どもにとってもよいことか悪いことなのか、判断がつきかねる」）。

いいたいことが決まったら、最初に結論をバーンといってしまったほうが、わかりやすい文章になると私は思います。もちろん、インパクトのある文章の効果的な書きかたという意味では、場合によっては、意外性を出すために、結論を隠しておく方法もあります。ですが、論理的にものを表現しようとする場合には、やはり結論から入るのが、読み手にはわかりやすいでしょう。

2　理由が複数ある場合には、あらかじめそのことを述べておく。また、説明をいくつかの側面から行う場合にも、あらかか

じめそのことを述べておく（→「その理由を功と罪の二つに分けて以下に説明しよう」）。

これは、読み手に、論点をあらかじめ知らせておくという効果があります。と同時に、書き手にとっては、意識の中で、いくつの論点について書くのか、あらかじめ決めておくということです。

3　判断の根拠がどこにあるのかを明確に示す（→「という点で」「知り合いの中学校教師によれば」「忙しくなったという」）。

論理的だということは、判断の根拠が、単なる思いつき以上のものであることだと思います。これは、根拠がどこにあるのかを明示することで、読み手に何にもとづいていっているのかはっきりわかってもらうために必要なことです。

4　その場合、その根拠にもとづいて、推論をしているのか（→「問題であろう」）、断定的にいっているのか、わかるよ

うにしておく。

いい換えれば、断定できない場合には、正直にそのように表現するということです。

5　別の論点に移るときには、それを示すことばを入れておく（↓「もうひとつの問題点は」）。

読者に、論点が変わったことをわかってもらうためには、段落を変えたり、変わったことを示す表現をはさんでおくことが親切な書きかたです。同時に、こうした書きかたによって、書き手自身の中でも、もう次の論点に移っているのだということを自覚することができます。

6　文と文がどのような関係にあるのかを明確に示す（文中に傍線を引いた接続のことばに注目）。

とくに、文章読本などでしばしば指摘されるように「……が」という文のつなげかたは論理を不明確にしますので、多用しないようにする。接続のことばに目を配ること、適当な接続のことばを選ぶことが大切です。

インディペンデント・スタディの思い出

アメリカの大学教育には、「インディペンデント・スタディ」（直訳すれば「独立研究」あるいは「自主研究」）というのがある。学生がある先生を自分で決めて、その先生との間で、どのような勉強をするのかを話し合い、一対一で指導を受けるものである。留学生時代の私は、毎週一時間ほどの時間を指導教授のR先生との面談にあてた。

まもなく博士論文の執筆にとりかかろうとするときのことである。アメリカの大学院では、通常、博士論文の執筆資格を得るために、プロポーザルと呼ばれる予備的な論文を提出しなければならない。私は、毎回、あらかじめ渡しておいた私の下書き原稿をもとにR教授と議論をした。

R教授からは例外なく、「あいまいだ」「不明確」「論拠が不明」「飛躍がある」といったコメントが下書きの欄外に記されて返ってきた。私としては精一杯、飛躍のないように書いたつもりの文章にである。議論の詰めが甘くならないように、丹念に論理を重ねて書いたつもりの文章に、「あいまい」とか「不明確」といったコメントが書き込まれたのだ。

後で読んでみると、たいていは自分ではわかっていたつもりになって、結論を急いだり、自分にとっては自明であると思われた議論の前提を、誰もが共有しているかのように思って書き急いだところに、厳しいコメントがついていた。

今でも私は、こうした厳しいコメントのついた下書きを大切にしている。それというのも、私がこの指導を通じて得たものは、まさに論理の積み重ねかた、論証の厳密さということだったからである。

2 批判的に書く

ステップ1 反論を書く

さて、これまでの説明は、論理的に文章を書くことで、論理的にものごとを考える力を身につける方法の説明でした。これは複眼思考法の基礎トレーニングに当たります。次にこれから説明するのは、こうした基礎力をもとに、どうしたら「常識」にとらわれない複眼的な思考ができるのかを、やはり文章を書くということを通じて実践する方法です。

あのオウム真理教の事件のときに、「ディベート」術を身につけたという教団幹部が出てきました。それ以来、ディベートということばもずいぶん知られるようになりました。ただし、世の中に出回ってしまったディベートの印象は、「ああいえば、こういう」といった強弁《きょうべん》、詭弁《きべん》の技術、言い逃れの方法、あるいは、ことばで相手を攻撃する方法といった面に偏り過ぎた感があります。しかし、そこには大きな誤解が含まれています。

本来のディベートでは、自分自身の考えとは別に、ある立場に立ってその立場に賛成する側から意見を述べたり、あるいは反対する側からの論述をするということが行われます。「本当は、僕はその意見には賛成なんだけど、反対の立場に立って考える」ことや、反対に「私は本当はその考えに反対なんだけれど、賛成の側に回って議論する」ということを行うわけです。たとえば、「中学生にとって制服は是か非か」「結婚後の男女別姓は是か、否か」とか、「首相の靖国神社参拝の是非」といったテーマについて、それぞれ、賛成、反対、あるいはその両者の立場に立って、議論をします。

このようなディベートの方法は、考える力を養ううえで、とても有効なヒントを与えてくれます。もちろん、討論の技術を修得することには、論理の破綻《はたん》を相手に見せないようにするといった、思考力の強化に直接つながる部分が含まれています。

しかし、それだけではありません。自分自身が賛成か反対かとは別に、相手の立場に立って考えるということが、複眼思考を身につけるうえでは大切なトレーニングとなるのです。なぜなら、自分だけの視点でものを見ていたのでは見えない部分が、他の立場に強制的に立たされることで、はっきり見えてくることがあるからです。

そこで、ここでは、このディベート技術を参考に、批判的な文章を書く方法、つまり、「一人ディベート」とでも呼べる方法について、説明したいと思います。

ステップ2　違う前提に立って批判する

すでに第１章でも述べたように、私たちがものを考え、それを文章に表現する場合、必ず何らかの前提から出発します。たとえば、ある河川にダムを施設すべきかどうかという問題について考える場合、建設にかかるコストや地元への資本投下を重視する立場から考えを書くのか、それとも、環境保護という立場から考えるのかで、当然ながら議論の進めかたも違ってきます。もちろん、出発点となる前提には複数の考えが含まれることもあるでしょう。それにしても、何らかの基礎となる前提から、私たちは自分の考えを組み立て、それを述べていきます。

そうした前提自体が受け入れにくいと判断した場合、相手の前提のどこに賛成しかねるのかをまずははっきりさせておかなければ、ディベートにはなりません。つまり、どのような立場の違いがあるのかを明らかにしていくことが、反論を書くためのスタートラインになります。

そして、そうした立場の違いから、問題のとらえかたがどのように違ってくるのかを考えていきます。問題にしている文章の書き手や話し手のとっている

前提では、どのような問題がカバーできないのか。ある前提にとらわれている
ために見えてこない問題は何か。いわば、立場によって拘束された見かたの限界ということを明らかにする。そして、その限界を示すことで、その前提のまちがいを論じていくのです。

さあ、それではここでも、実際に「一人ディベート」をやってみましょう。ここでは、複数の立場を設定して、それぞれの立場から批判的な文章をどう書けばよいのかを、考えてみることにしましょう。

まずは、次の文章を読んでみてください。

若い女性の元気ぶりがとりわけ目につくにつれ、男性のふがいなさが気になる。最近、花嫁学校ならぬ花婿学校ができて話題になった。

食生活ひとつとってみても、女の子たちはさまざまな洋食の食べ方を覚え、あちこちの有名店での試食、エスニック料理、果ては本場のヨーロッパ旅行でのグルメ体験という具合に豊富な体験をもつ。それにひきかえ、受験戦争一筋に脇目もふらずやってきた男の子たちは、「いま輝いている」女の子と見合いをしても、うろうろ、まごまごするばかりで、何もかも母親に任せていたマザコンぶりが今さらながら現われて、女の子にすっかり馬鹿にされてしまう。

かくて、花婿学校の誕生となったのだが、これはもう男の子個人の問題というより、社会自体の問題といえそうだ。というわけで、若者論は男女ごちゃまぜ論ではなく、男女異次元の視点に立たねばならぬと思う。

男の子たちは、再びこの世に生まれ出るなら女になって生まれたいと思い、今の日本では、男は責任ばかり背負わされて何もいいことがない、と考えているかのようである。

これはたぶん、日本の社会が産業社会から消費社会へ移行したことと無関係ではないだろう。もちろん、受験競争が男の子の心に大きな影を落としていることは否定できない。しかし、より大きな理由は、産業社会の人材養成から消費社会の人間教育へと学校制度や教育目標が移行しつつあることにある。そのプロセスでの教育が、不十分なせいではないか。

記憶を重視する教育は産業社会に必須のものだが、消費社会では創造性や臨機応変さが求められる。家から学校、学校から塾というパターンの繰り返しでは、創造性や臨機応変さは育つまい。だから、いよいよ見合いをしても、どこのレストランに行けばよいか、彼女の好みは何かの配慮もなく、まるっきり雲をつかむみたいで、ただもう押し黙ってしまう。かくて「もうあきれてものがいえない」と彼女に心底から軽蔑される。これは単に男性と女性の問題ではなく、大きな社会の変化という視点が求められているといわなければならない。

（千石保『「まじめ」の崩壊』サイマル出版会、一九九一年、一〜二ページより）

この文章は、千石保《せんごくたもつ》さんの『「まじめ」の崩壊』という本の書き出しの部分です。読んでわかるように、近ごろの若い男性のふがいなさを嘆き、そうした若者を生み出している社会の問題に目を向けるべきだという主張の文章です。この主張に対して、いくつかの立場を設定して、それぞれの立場からの批判を試みてみましょう。

そのためにはまず、この文章が、どのような前提に立っているのかをはっきりさせておかなければなりません。著者の認識の前提がどこにあるのかを明確にするのです。

初めに注目したいのは、著者自身についてです。この著者は男性であり、しかも、文章の中で批判されている若者ではないことはたしかです。つまり、年配の男性の立場から、若い男性を批判していると読めるわけです。

第二に、この著者の社会観に注目しましょう。なぜなら、著者の主張は、若い男性たちのふがいなさは、若者個人の問題ではなく、社会の問題だと位置づけているからです。

千石さんは、現代が、産業社会から消費社会への移行の段階であると見ています。記憶重視の教育がもてはやされる産業社会とは、欧米に追いつけ追い越せでやってきた、大量生産をよしとする、会社人間中心の社会でしょう。それに対し、消費社会のイメージは、もっと創造性や臨機応変さの要求される、個人中心の社会です。

第三に、何を論拠に、このような若い男性たちの問題点を指摘しているのかです。もちろん、ここに引用したのは本の初めの部分だけですから、論拠はもっとたくさん本全体の中で提出されるはずです。

ただし、ここにあげた部分から判断すれば、若い男性のふがいなさは、「花婿学校」が誕生したというエピソードに、その根拠が求められています。さらには、より行動的な同じ世代の女性たちを比較の対象にすえて、男性諸君のふがいなさを際立たせようとしています。

さて、ここまでのことを確認して、以下では次の四者の立場からの反論を試みてみましょう。ここであげるのは、1　若い男性自身の立場、2　女性の立場、3　教育関係者の立場、4　会社を経営する年配の男性の立場です。読者の皆さんも、それぞれの立場に立ったら、どんな反論ができるか、自分で考えてみてください。そして、その反論をできるかぎり文章にして書いてみてください。書くことを実践することでしか、批判的な思考力は育たないからです。

次に示すのは、こうした立場に立ってみたとしたら、どんな点をとらえて反論するのかを考えるためのヒントです。

1　若い男性の立場からの反論

ひとつの反論のしかたは、一種の開き直りから出発します。つまり、「ふがいなさ」がなぜ問題なのかに批判を向けるのです。そして、「ふがいなさ」としてとらえられる同じような若い男性の行動は、別の見かたをすれば、まったく異なる意味を持ってくると主張するのです。たとえば、ふがいなさを強調するあまり、ふがいないと見える部分には、やさしさや素直さ、感受性の繊細さといった、若者男性の最近の特徴の肯定的な側面があることに、目が行っていないのではないかという批判です。

こうした批判には、「近ごろの若者は……」という、よくある大人たちの「常識」的な反応をひっくり返すチャンスが含まれています。大人の男性の目から見た、問題にされることがらには、どのような大人世代の「常識」が反映しているのか。その前提を取り出すのです。この場合でいえば、大人の男性である著者は、最近の若い男性が、女性よりも元気がなくて、若い女性たちの前で「まごまごして」「馬鹿にされてしまう」ことを問題だと見なしています。

しかし、そのような判断を下す前提である大人たちの男女間の関係のとらえかた自体、若い世代から見れば封建的な、家父長制的（男性中心の）考えかたであるといえるでしょう。むしろ、そうした古さを越えるものとして、若い男性たちの女性に対する関係の取りかたの変化に着目すべきなのに、そこには目が向けられていないという批判が可能になるのです。

2　女性の立場からの反論

この文章を読むと、一見「女性たちは元気があってよろしい、それに対して今の若い男たちは……」というように、女性が褒められているように見えます。しかし、このように女性を引き合いに出して、若い男性を批判するという見かた自体には、男性中心的な前提が含まれています。女性の立場に立てば、その前提に対して反論ができるでしょう。

たしかに、男の子と女の子といった個別の男女関係のレベルで見てしまうと、女の子のほうがだんだんと積極的になっているという印象をこの文章は与えます。しかし、実際の社会では、まだまだ女性が差別されている場面が少なくありません。就職にしても、職場での扱いにしても、家庭での家事の分担にしても、まだまだ日本の現状は、男性中心です。このような現実に目を向けず、男の子と女の子といった個別の男女関係のレベルで若い男性の「ふがいなさ」を批判することは、もっと大きな目で見たときの社会全体の中での男女間の関係の問題から目をそらさせてしまうという批判ができるのです。

とくに「今の日本では、男は責任ばかり背負わされて何もいいことがない」という主張は、一見もっともらしそうですが、責任ある立場につきたくてもつけない女性たちがいることを隠してしまうメッセージといえるでしょう。

3 教育関係者の立場の反論

教育関係者の立場に立てば、何でもかんでも受験教育のせいにするのは、あまりに単純な議論ではないか、という批判が出てくるでしょう。「受験戦争一筋に脇目もふらずやってきた男の子たちは」というフレーズは、受験や教育の問題が、ふがいなさの原因であるといった印象を与えます。しかし、この原因と結果の関係はどれだけ根拠を持つのかをめぐって、反論ができるでしょう。たとえば、同じように勉強して同じ大学に入った男女を比較した場合、それでもやはり男性のほうが「ふがいない」ということであれば、その結果を単純に受験教育のせいにはできなくなる。そうだとすれば、そうした論拠を示さずに、原因と結果の関係を印象だけで語っていると、著者の見かたを批判するのです。つまり、この著者は、世間の「常識」にのっかって、受験が悪いんだといっている、その前提に対する反論です。

4　会社経営者（男性）の反論

若い男性がふがいないというのは、プライベートタイムでのことに過ぎない、という視点からの批判も可能です。たしかに、デートのときにレストラン選びでふがいなさを発揮する若い男性が増えたかもしれない。それでも、仕事の面では、まだまだ男性のほうがやる気も覚悟もある、という見かたを提供して、社会や教育のせいにすることを批判するのです。

たとえば、企業内での訓練によって、そうした男性たちを再生できた例を持ち出す社長さんがいるかもしれません。職場組織の中での人の使いかたを問題にする立場からは、何でも社会や学校のせいにすることに異論が出てくるでしょう。プライベートの時間はともかく、仕事に関してしっかりしていてくれればよい、という立場から見ると、グルメの例は説得力を持たないのです。つまり、この立場から見れば、著者は若者文化にとらわれ過ぎて問題を見ていることになります。若者のプライベートではない部分を見ている経営者の目からは、どのような職場環境を用意するかで、同じ若者でも働きかたが違ってくるという反論ができるのです。

さて、これらの例は、先にあげた千石さんの文章の前提のそれぞれどの部分を批判するかを明らかにしています。若い男性の立場からは、今の若者の特徴をふがいないものと見てしまう、年配者の視点の狭さが反論の対象になる前提です。女性の立場からは、もっと大きなところにある男女間の不平等を見えなくさせている視点の制約を衝《つ》くことができるでしょう。個人的な関係のレベルの問題と、もっと大きな社会のレベルの問題を区別して、前者のみを扱う論者の問題のとらえかたの限界を批判するのです。

教育関係者の立場からは、何でも受験教育のせいにする「常識」へのとらわれを指摘することができるでしょう。そして、企業の経営者の立場からは、プライベートな場面の若者文化にだけ目を向けていることの限界を問題にすることができます。

以上の反論は、著者の前提が持つさまざまな問題点や制約を、多少無理があっても、異なる立場に立って反論を試みようとすることで明らかにできるものです。仮想ディベートの効用は、自分の意見とは異なる立場を設定することで、自分の意見だけでは気づかない、相手の議論のさまざまな前提に含まれる問題点や限界に目が行くようになることなのです。

しかも、そうした反論を、できるだけ文章にしてみること。文章にしようとするだけで、頭のはたらかせかたがずいぶん違ってきます。そして、事実認識が問題になるケースなら、できるかぎり反論のための資料を発掘することです。ここで取り上げた文章の場合、本の前書きですから十分な資料は提供されていません（ただし、千石さんのために正確を期していえば、『「まじめ」の崩壊』の本文のところでは、千石さんはきちんとデータをあげて、ここで仮想の反論を試みた問題についても議論しています）。

建設的な議論を行うためには、事実と事実をぶつけ合うことが必要です。花婿学校の設立という印象的なエピソードに対抗する別の事例をいくら集めても、きちんとした反論や論証にはならないでしょう。印象的な事例に対抗するためには、確たるデータが必要になります。

そのためには、千石さんが集めたように、さまざまな若者対象の調査の結果を見るのもよいでしょう。阪神淡路大震災のときにどれだけの若者たち（それも男性）がボランティア活動に参加したのかを調べた結果でもよいでしょう。より正確な根拠。より説得力のある証拠。一般化の可能なデータ。そうした証拠探しが、反論のために必要となるのです。その方法の詳細については、別の本を書かなければなりません。ここでは、仮想ディベートの方法によって、書き手のさまざまな前提に含まれる問題点を引っぱり出していく方法についてわ

かっていただければ十分です。というのも、それが複眼思考のスタートライン
になるからです。

●ポイント●

1　ひとりディベートをやってみよう。

2　そのとき、自分で仮想の立場を複数設定して、それぞれの立場からの批判や反論を試みる。

3　さまざまな立場に立った反論を書くことで、書き手がよって立つ複数の前提も見えてくる。

4　反論や批判は、頭で考えるだけではなく、必ず文章にしてみる。文章にすることで、論理の甘さも見えてくる。自分の立場を第三者的にとらえることも可能になる。

アメリカの大学でのすぐれたレポート

アメリカでは、日本以上に「自分で考える力」の育成が重視されているといわれる。そのことは、アメリカの大学でのレポートの書きかた、その評価のしかたにも反映している。アメリカで学生に課される論文やレポートの場合、与えられた文献の内容を要領よくまとめただけでは、よい成績はもらえない。自分の「思い」を綴った「感想文」でもだめである。もちろん、教科書の丸写しではまったく評価されない。

それでは、どんなレポートが高く評価されるのか。それは、レポートの中に、どれだけ「考えた形跡」があるかによるといえる。

アメリカの大学で「よい」といわれるレポートを書くためには、読んだ文献をもとに、その内容を要約するにとどまらず、そこから得た知識を使って、自分の考えを論理的に展開することが重要だ。そして、必要であれば、その議論をサポートするような証拠を自分で探し出して提示することが求められる。

とくに、自分なりに問題を立て、それを解くスタイルは重要である。問題の立てかたの独創性と、それを解明するときの論理展開の精密さ・緻密さ、さらには、論理の根拠をきちんと示しているかどうかが重視されるのである。

日本の大学でも小論文や学期末レポートなどを課題とすることがある。しかし、どのような内容のレポートの評価が高いのかは、アメリカほど明確に教えてくれるわけではない。ということは、大学教師の間でも、それほど明確に評価基準が共有されているわけではないということである。

第3章　問いの立てかたと展開のしかた——考える筋道としての〈問い〉

1　問いを立てる

ステップ1　「疑問」から〈問い〉へ

大学の授業や講演会などの場で、話が終わった後で司会や話し手が、「何か質問や意見はありませんか？」と聞くことがあります。その後に続くよくあるシーンは、数十秒間にもわたる沈黙――日本では、誰もが威勢よく手を上げて意見をいったり、質問をするといった光景は、めったに見られません。

「質問といっても、とくに手を上げてまでするほどのことではないし……」「自分の意見といわれても、何をいっていいやら……」「少しは、自分の考えもあるけど、人前で話せるほどまとまっていないし……」ということで、意見や質問がなかなか出ないのです。そして、たいていは業を煮やした司会者が誰かを指名したり、場をもたせるために自分から質問をしたりします。

大学の授業では、司会者はいませんから、こんなふうになります。
(教師)「何かコメントか質問はありませんか?」
(学生)「無言(べつにー)」
(教師)「○○について、みんなはどう思いますか」
(学生)「無言(べつにー)」

というように、無言のやり取りが行われることになります。
「質問はありませんか」と聞かれたとき、話の内容が大体わかったという場合には、とりたてて聞きたいこともないという反応が出てくるのも、不思議ではありません。とくに、質問は相手の話がよくわからないときにするものだと思っている人にとって、わかったときには質問がないのが普通です。

たしかに、人の話を理解するためには、静かに相手のいっていることに耳を傾ける必要があります。まずは、きちんと理解することが大切なことはいうまでもありません。しかし、このような話の聞きかたは、受け身的な聞きかたといえます。話し手からのメッセージをありがたく受け取ろうとする態度なのです。

何も疑問を感じないところでは、私たちは深く考えたりはしません。「そんなことは当たりまえだ」と思っていたり、「そうはいってもしかたがない」と最初から疑問を持とうとしない間は、自分から進んで考えることはしないものです。したがって、まずはものごとに疑問を感じること、「ちょっと変だな」と疑いを持つことが、考えることの出発点になるのです。

とはいうものの、疑問を持ったからといって、それがただちに考えることにつながるかというと、そうではありません。「どうしてだろう」「なぜだろう」といった疑問を感じても、そのままにしておいたのでは、考えることにはつながらないからです。そこで重要となるのが、どうしたら疑問を考えるための〈問い〉に変えていけるのかということです。

「ちょっと変だなあ」「不思議だなあ」というように、ここでいう「疑問」は感じるもの、思うものです。それに対して、〈問い〉は立てるものです。感じた疑問はそのままにしておくことができます。ところが、問いを立てるということは、答える行為を前提にしています。疑問を感じるだけでは、まだ自分から進んでその疑問を解いていこうということにはつながらない。その疑問を、解答することを前提とした問いとして表現し、位置づけし直すことによって、最初に感じた疑問を、考えることにつないでいくことができるのです。要するに、疑問と問いとの決定的な違いは、疑問が感じるだけで終わる場合が多いのに対して、問いの場合には、自分でその答えを探し出そうという行動につながっていくという点にあります。

漠然とした、おおざっぱなままの疑問では、なかなか考えるという回路に結びついていきません。「どうしたらいいんだろう」と思っている場合、「どうしたら」「どうしたら」と気をもんでいるだけでは、考える道筋は見えてきません。「どうしたらいいのか」をもっとはっきりとした問いに表現し直してみる。つまり、問いの表現のしかた次第で、考える道筋が出てきたり、出てこなかったりするのです。しかし、どうしたら、すぐれた問いの立てかたができるのか。そこにはやはり、それにふさわしい方法があります。その方法を学ぶのがこの章の目的です。具体的な方法の説明に入る前に、それがどんなものか、簡単に見ておくことにしましょう。

たとえば、問いのブレイクダウンという方法があります。この方法は、最初の大きな問いを複数の小さな問いに分けていって、それぞれの問いに答えることが最初の問いへの解答になるようにしていく方法です。

ひとつの漠然とした問いも、よく見ていくと複数の問いから成り立っていることに気づくことができるでしょう。ひとつの問いをそういう複数の問いに分けていく。さらには、分けられた複数の問いの間のつながりを考えていくことで、最初の大きな問いに、具体的な答えを与えていく。たとえば、「どうやったらこの新製品は売れるか」という大きな問いは、「顧客として誰を念頭に置くのか」「販売網をどう活用するか」「広告費はどこにどれだけ使えるのか」といったさまざまな問いによって成り立っています。問いを上手に立てていくことは、問いの的確なブレイクダウンと、その関係をうまくつけることにかかっています。つまり、どのように問いを立てるかという問題は、問いをどのように展開するか、ということなのです。

たとえば、「どうしたらよい企画書が書けるのか」と思っているだけでは、その答えはすぐには見つかりません。なぜなら、この問いのかたちのままでは、「どうしたらいいのか」を具体的に考えていく筋道が出てこないからです。こんな場合、「どうしたらよい企画書が書けるのか」を出発点に、「そもそも、よい企画書とは、誰にとってよいのか」「どんな判断基準でよいのか」「説得力の点か」「わかりやすさか」「アイデアのよさか」。いや「そもそも、よいアイデアとは何か」「おもしろさか」「有効性か」「実現可能性か」などと、最初の漠然とした疑問を、いくつかの具体的な側面に分けてみる。そして、それぞれの問いにどう答えていくのか、それぞれの答えが、どのように関係しあって、出発点の問いへの解答になるのかを考えていくのです。つまり、最初の問いをいくつかの問いに分解したり、関連する問いを新たに探していく、問いの分解と展開によって、考えを誘発する問いを得ることができるのです。

何を問題にしているのかがはっきりしていて、どうやっていけば解答に到達できるのか、その過程がわかりやすい〈問い〉に表現し直すこと。最初の素朴な疑問では見過ごされていた、問いの新たな側面を見つけて、最初の問いとの関係を考えていくこと。このように問いの立てかたと展開のしかたを学ぶことは、複眼思考を身につけるうえで重要なプロセスとなります。

複眼思考とは、ものごとを単純にひとつの側面から見るのではなく、その複雑さを考慮に入れて、複数の側面から見ることで、当たりまえの「常識」に飲み込まれない思考のしかたです。したがって、ひとつの問いを複数の問いに分解し、それぞれのつながりを考えていく方法を身につけることによって、私たちは複数の視点を得ることができるようになります。

それでは、どうすれば、明確な問いを立てられるのか。どうやれば上手に問いのかたちを変えていくことができるのか。どのようなかたちで問いを表現し、展開していけば、より深い思考力をはたらかせることができるのか。この章では、そうした問いの立てかた、展開のしかたを説明していくことにしましょう。

ステップ2　「どうなっているの？」——〈実態を問う〉問い

前にも述べたように、大学での私のゼミでは、毎年学生たちが自分でテーマを見つけ、そのテーマにしたがって調査を実施していました。一通りの調査の方法を学んだ後で、学生たちは各自が関心を持つテーマを発表します。そして、話し合いを通じて、テーマと調査対象を絞り込んでいきます。中学生を対象に調査するか、高校生か、あるいは大学生、それとも社会人を対象にするか。

初めのうち参加者は、まず自分の問題関心がどこにあるのかを述べるにとどまります。たとえば、こんな風にです。

「私は今の中学生の塾通いの実態に興味があります」とか、「僕は、他者を疎《うと》んずる現代の若者のさらっとしたつきあいかたに関心がある」とか、あるいは「大学の学問に対して、理系と文系の学生では意識が違うと思います。そのズ

レを知りたい」とか、「現代の大学における教師と学生の関係に興味がありま
す」といったようにです。

この初期の段階では、学生たちはどんなところに関心があるのか、関心を向ける対象や領域がどこにあるのかといったかたちで自分たちの問題意識を語る場合がほとんどです。いい換えれば、この章で、これから説明する問いのかたちには、まだなっていないのです。

そこで、私は学生たちに「問題関心を疑問文で表現してみなさい」といっていました。関心を向けている対象を、疑問文でいい表す。それによって、関心を持っているテーマが、どのような〈問い〉として表現できるのか、そして、その問いに対して期待される〈答え〉は何なのか、という構図をはっきりさせるためです。そういう問いと答えの関係として、自分の問題関心を考える。そのように意識をはたらかせてもらうために、「疑問文でいってみなさい」と提案するのです。

このようにいうと、学生の中には決まって、次のような疑問文をあげてくる

者が出てきます。たとえば、「中学生の塾通いはどうなっているのか」「大学の先生と学生との関係の実態はどうなっているか」とか、「理系と文系で学生の学問に対する意識はどうなっているのか」といったような、「○○はどうなっているのか」という問いのかたちです。

これは、〈実態を問う〉形式の問いです。こうした実態を問う問題の立てかたは、当然ながら、「○○はこうなっている」という解答を期待します。ここであげた例であれば、「最近、中学生の塾通いはますます多くなっている」とか、「大学の教師と学生の関係は希薄である」とか「理系の学生のほうが文科系よりも、学問に専門性を求める傾向が強い」というようにです。

もちろん、このような問いと答えが重要な意味を持つ場合もあります。事態がどうなっているのかをつぶさに調べ、事実を確認する必要のある場合です。たとえば、「中学生の塾通いはどうなっているのか」という問いに答えるためには、通塾率を調べたり、塾にかかる費用を調べたりする必要があるかもしれません。この場合、「どうなっているのか」の「どう」の中身が、通塾率を調べようとか、塾にかかる費用を調べようという具合に、最初の問いをさらに細かく分けて、「どうなっているのか」を調べることになります。

その結果、日本全国で、何割くらいの中学生が週当たり平均何日、毎回平均何時間、塾に行っているのか、そのための費用はどれくらいか、といった実態を詳しく調べる。そうやってわかった事実は、中学生の生活や勉強上の問題を考えていくうえで、重要な手がかりを与えてくれることでしょう。

ところが、このような〈実態を問う〉形式の問いの中には、ちょっと調べてみれば簡単に答えがわかるものも含まれています。先ほどの例でいえば、中学生の塾通いがどうなっているのかは、その実態を調べた調査の結果を見つけてくれば、「答え」がわかります。どのように調べるのかは、それぞれの問いによって違うでしょう。それでも、「〇〇はどうなっているのか」という問いの立てかたは、そのままでは、答えを調べればすぐ解答できるというような、「答え探し」の発想にもとづく場合が多いのです。

このように、〈実態を問う〉形式の問いには、そのままではなかなか〈考える〉ことに結びつきにくいものがあります。じっくり考えなくても、「調べればわかるだろう」式の問いにとどまるかぎり、そのままでは、次にさらに考えていくことを誘発しない、そういう問いのかたちなのです。

ステップ３　「なぜ」という問いかけ

「どうなっているのか」という実態探しの問いに対して、考えることが要求される問いのかたちがあります。「なぜ？」という問いです。というのも、「なぜ」という問いかけは、正解探しの発想ではなかなか答えが得られない問いのかたちだからです。

「なぜ」という問いがさらなる考えを誘発するのは、その答え、「なぜなら……」についての予想や見込みを、とりあえず考えてみること自体に意味があるからです。もちろん、この「なぜ」に対して、「なぜなら……」という見込みがどれだけ正しいのか、最終的には調べてみて確かめることが必要です。しかし、その前にその答えについて、自分なりの想像をはたらかせてみること、つまり、原因を探ってみることは、「どうなっているのか」を問題とする場合以上に、深く考えることにつながっていく可能性があるのです。少し難しいことばを使えば、このような予測は、因果関係(原因と結果のつながり)についての仮説(見込みや予想)を立てることに他なりません。

たとえば、「中学生の塾通いはどうなっているのか」という問いは、「どうなっている」のところを、時間や費用、頻度といった部分に分けて、問いのブレイクダウンをしてみても、結局はそれぞれについて調べなければ、いくら勝手な想像をはたらかせたところで、そうした予想にもとづく議論はあまり意味を持ちません。それに対し、「なぜ中学生の塾通いは増えているのか」という「なぜ」という問いの場合には、その理由や原因を予想すること自体、私たちの考えを深めるきっかけとなります。想像力を駆使して、「なぜ」の答えを考えたり、仲間と議論することは、解答にさまざまな可能性があるだけに、「どうなっているのか」を勝手に予測する場合以上に、考える力をはたらかせることになるのです。

もちろん、この場合にも、「なぜなら、受験競争が激しくなったからだ」といった、ありきたりの解答を与えて満足してしまうのであれば、考えを深めることにはつながらないでしょう。「常識」の罠にまんまとはまって、思考停止に陥ってしまうからです。それでは複眼思考につながりません。

そこで、この「なぜ」を上手に展開していくことが、新しい問いの発見につながっていくのです。「なぜ中学生の塾通いは増えているのか」を出発点に、さまざまな「なぜ」の連鎖を発見していく。そうすることで、最初の問題にいろいろな角度から、アプローチしていくことが可能になります。

たとえば、「中学生の塾通いはなぜ増えているのか」という問いに、ひとまず「なぜなら、受験競争が激しくなったからだ」という解答を与えたとします。このままでは、「ああ、やっぱり受験教育のせいね」といった常識的解答にとどまるでしょう。

そこでさらに、「本当に受験競争は激しくなっているのか」という、これ自体は〈実態を問う〉問いを投げかけてみます。この問いは、常識となっている前提を疑う問いになっています。

この問いに対して、「そりゃ、そうに決まっている」と思う人がいるでしょう。少なくともしばらく前までは、年々受験競争が激しくなっているというのは、私たちの常識的な見かたの一部になっていたからです。けれども、このようなステレオタイプの解答に出会ったときこそ、要注意です。問いの展開が有効にはたらくのは、このような「常識的解答」に巻き込まれそうになったときなのです。このような場面で、「本当に受験競争は激しくなっているのか」と、問いを少しずらして考えてみることで、常識にはまって思考停止に陥らない、考えの新しい筋道が見えてきます。

「受験競争が激しくなる」というのは、どういうことか。入試の競争率が高くなることか。それとも、受験競争に参加する人の数が増えたことか。あるいは、そのいずれでもなく、世の中全体が何となく思っていることなのか。このように問いを少しずらしてみるだけでも、問題の切り口が複数になり、広がっていきます。そして、常識的に思われているほど、「本当に受験競争は激しくなっているのか、どうか」に答えることが容易でないことがわかるでしょう。実際のところ、「五年前、一〇年前に比べて、本当に受験競争が激しくなった証拠はどこにあるのか」を考えてみると、その答えが「イエス」だと確信を持って答えられる人は、それほど多くないはずです。厳密な根拠を知らなくても、何となく、そう思い込んでいる人のほうが多いのです。そうだとすれば、このような説明は、もっともらしくは聞こえるものの、実際には事実に照らすことのない、あるいは照らすことのできない根拠にもとづく説明だということになるでしょう。世間の常識にとらわれてしまうとは、こういうことなのです。もっとも、少子化のせいで大学入試がやさしくなったという事実がたびたび報道されるようになったために、最近ではこういう常識も薄れており、それにとらわれることは少なくなっているでしょう。

さて、話をもとにもどして、もし、このように考えて、受験競争が激しくなったからだという説明が不十分だということになれば、それとは別の原因を考えなければならないでしょう。たとえば、「社会全体が豊かになったおかげで、塾に子どもを通わせることのできる家庭が増え、その結果、通塾率が高まったのだ」という説明はどうでしょうか。受験競争が激しくなったことが直接の原因ではなく、各家庭の収入が増えたことが通塾率の上昇の原因だと見るのです。

この説明も、常識的に見えるかもしれません。ただし、この場合には、家庭の教育費支出の推移を実際に調べることができます。したがって、先ほどの「受験競争が激しくなったからだ」という説明に比べれば、根拠を確かめることのできる説明といえるでしょう。さらには、この説明の応用として、「子どもの数が減ってきたので、子どもひとり当たりにかけられる教育費が増えた結果、塾に子どもをやれる家庭が増えたのだ」という説明も可能です。この場合には、子どもの出生数の変化と、一家庭当たりの平均教育費支出の関係を調べていくことで、原因と結果の関係にまで目を向けることができるでしょう。いずれにしても、「受験競争が激しくなったからだ」という、事実に照らすことのない印象にもとづく説明にとらわれずに、原因を追究していくことが重要なのです。

これまでは塾に行く側から問題を見てきました。それでは、これを塾の側から見たら、「なぜ」の連鎖をどのように作り出すことができるでしょうか。どんなに子どもが塾に行きたいと思っても、近くに塾がなければ行くことはできません。そこで、こうした需要に対して、どれだけの塾の供給が可能かを考えてみると、最初の「なぜ中学生の塾通いは増えているのか」という問いは、「なぜこれだけ塾が増えたのか（塾の数が増えれば、塾に行くチャンスも増えるので、塾に行く子どもも増えると考える）」あるいは「なぜ塾の大規模化が起きたのか（塾の数が増えなくても、ひとつの塾の規模が大きくなれば、塾に行く子どもも増えるから）」という別の「なぜ」という問いに立て直すことができるでしょう。「なぜこれだけ塾が増えたのか」というなぜは、「なぜこれだけ塾が増えたのに、つぶれずにやっていけるのか」という問いの裏返しであると見ることもできるでしょう。「塾の大規模化が起きたのはなぜか」という問いも、大規模化するためには、塾には何が必要か、という問いを派生させることになります。

こうした塾側の「なぜ」や「どうやって」に対して、他の商品市場と同じように、受験産業においても、広告をはじめとするマーケティング技術が改善されて市場が開拓されたからだとか、塾の経営が企業化してより多くの顧客にアピールできるサービスや商品の開発（たとえば、新しい指導方法や教材の開発など）がなされるようになったからだという解答を得たとします。この場合、「受験競争の激化」とはかかわりなく、塾の側の顧客へのはたらきかけがうまくなって、市場が拡大したという説明ができるわけです。

もちろん、ここで展開した例は、まだ「見込み」や「予想」であって、事実によって確認されたものではありません。それでも、最初の「なぜ」という問いから出発して、次々と、新しい「なぜ」や「どうして」「どうなっているか」という問いの連鎖を生み出すことができました。それによって、「受験競争が激しくなったからだ」という常識にはとらわれない別の見かたを発見することができるようになったのです。

このように、「なぜ」という問いを基点にして、新しい問いを発見していく。これらの新しい問いの中には、最初の問いとは別の側面から問題を見る視点が含まれていることが少なくありません。つまり、ちょっと問いをずらしてみることで、最初の問題を真っ正面から見ているだけでは見えてこない側面をとらえる、もうひとつの視点、すなわち、複眼が見つかるのです。

小学校に入ったばかりのころ、私の娘は、たとえば「どうして地球は丸いのに海の水は落っこちないの、お父さん」などと私にたずねることがしょっちゅうありました。こうした質問に「それは、水が地球に引っ張られているからだよ」と答えると、今度はその答えを聞いて、また「それじゃあ、どうして地球は水を引っ張るの」と質問を続けます。その繰り返しが何度も続くことも珍しくありません。こうした質問は、ひとつの「なぜ」で終わることなく、次々と新しい「なぜ」「どうして」を生んでいきます。

もちろん、幼い子どもの場合、答えがすぐに次の「なぜ」を誘発する、直線的な「なぜ」のつながりがほとんどです。それでも、こうした子どもの好奇心につきあっていると、ときどきこちらが答えに詰まってしまうことも少なくありません。大人であれば、当たりまえだと思ってやり過ごしていることにまで、子どもの好奇心が向かうことがあるからです。

もちろん、子どものように無邪気に「なぜ」を繰り返せばよいわけではありません。どこまで行っても終わらない「なぜ」では、タマネギの皮むきのような問いの連鎖になりかねないからです。しかし、大人であれば、そうして生まれる「なぜ」の中でも、ちょっとだけ自分の視点をずらしてくれる問いを発見することができるでしょう。先ほどの「受験競争が激しくなると、なぜ塾に行く中学生が増えるのか」からの展開や、「なぜこれだけ塾が増えたのか」といった問いの発見は、「やっぱり受験競争が激しくなったからだ」というステレオタイプの見かたに対して、新しい視点につながる可能性があるのです。

六つのなぜ？

携帯電話やコンピュータのCPU（中央処理装置）を生産するアメリカのモトローラ社は、その製品開発力で有名である。このモトローラ社では、社員たちは「六つのなぜ？」を問えといわれている。何か製品に問題があることが発見されたとき、「なぜ、……か？」という問いを、最低でも六回は繰り返せというのだ。ひとつ目のなぜに答えたら、次のなぜを発する。そして、また二つ目に答えたら三つ目、……というように、六回ものなぜを問うことで、徹底的な原因の追究を行おうというのである（三澤一文『創造マインド』講談社）。

複眼思考にとって、この「六つのなぜ？」の試みは、示唆に富む。なぜなら、複数の（六つの）異なる側面から、原因を考えるという発想につながるからである。

なぜか？　という原因と結果の関係にしつこく、しかも異なる角度から目を向けることで、表面的に見ているだけでは思いつかない、新しい問題が発見できる。そのことを、このケースは示している。

2 〈なぜ〉という問いからの展開

ステップ1　因果関係を問う

「なぜ」という問いが重要なのは、問いの展開を可能にするからというだけではありません。それに加えて、原因と結果の関係、すなわち、因果関係を問うのが、「なぜ」という問いであるという点が、複眼思考にとって重要だからです。

因果関係というと難しく感じるかもしれません。しかし、何ごとにも原因と結果とがあるというように考えれば、その原因を探ろうという試みは、因果を問うということになります。

たとえば、部屋の明かりが突然消えたとします。その原因は、電球が切れたのか、停電になったか、あるいは誰かが知らないうちに電灯のスイッチを切ったからなのか。それぞれが部屋の明かりが消えた原因であると考えられるでしょう。誰かがスイッチを切ったから明かりは消えたのです。それが原因でないとすれば、停電になったために、明かりは消えたのかもしれません。この場合、スイッチを切るということや、電気が止まるということが「原因」で、部屋の明かりが消えたというのが「結果」に当たります。

ビジネスの世界では、こうした「なぜ」という問いの形式よりも、「どうしたらよいか」という〈方法や方針を問う〉形式の問いが多いでしょう。たとえば、「どうしたら売り上げが伸びるのか」といった問いです。この問いは、売り上げを伸ばすという目的に対して、「どうしたらよいか」は、どんな方法や手段があるのかを考える問いになっています。ところが、見かたを変えてみると、この「どうしたらよいか」という問いも、因果関係を問題にしている場合が多いのです。「どうしたら売り上げが伸びるのか」であれば、「売り上げが伸びること」が結果で、そうした結果を生み出す原因を探そうというのが、「どうしたらよいか」になります。すでに起こってしまったことの原因を考えるのとは異なり、この場合には、いわば、これから起こることの原因を探ろうというのです。

ところで、部屋の明かりが消えたという場合には、たいていは原因がひとつでしょう。また、「原因は何かについて考える」といっても、せいぜいあたりを見渡せば見当がつくという程度のことであり、とりたてて深く考える必要はありません。

しかし、私たちを取り巻いているさまざまな出来事の中には、その原因がひとつとは限らないものや、何が本当の原因か、簡単には見分けにくいことがたくさんあります。

ビジネスの世界での「どうしたらよいか」という問いにしても、ひとつの原因=手段だけで、期待している結果=目的が達成できるとは限りません。複数の原因が絡まりあって、ひとつの結果を生み出したり、あるいは逆に、ひとつの原因からさまざまな結果が生まれるということが少なくないのです。

とくに、社会的な問題については、複数の原因が錯綜していて、複雑な場合のほうが多いといえます。この場合、原因ひとつと結果ひとつの対応を考える場合とは異なり、複数の原因を考慮に入れなければならないことになります。そして、そのときに気をつけなければならないのが、偽の原因に惑わされないということなのです。

科学的な思考には、原因と結果の関係を確定するための三つの原則があるといいます。

1．原因は結果よりも時間的に先行していなければならない（原因の時間的先行）。

これは、当たりまえのことです。原因がまずあって、それが結果を引き起こしているのであって、その逆ではないということです。明かりの例でいえば、スイッチを切ったから部屋が暗くなったのであってその逆ではないということです。

2．原因と見なされている現象も、結果と見なされている現象も、ともに変化しているのが確認できている（共変関係）。

つまり、部屋の明かりが、ついていた状態から消えた状態へと変化することと、電気のスイッチがオンの状態からオフへと変化することの両方がともに変化しているのが、わかっているということです。

3．原因以外に重要と思われる他の要因が影響していない（他の条件の同一性）。

明かりの例でいえば、他の家の明かりはついている（停電ではない）とか、他の電気器具はついたままだ（ブレーカーがおちたのではない）というように、他に原因（この場合は停電）と考えられることが、一定であり、結果に影響を及ぼしていないことがたしかだという場合です。

このうち、因果関係を考える複眼思考にとって重要なのは、三番目の原則（他の条件の同一性）です。なぜなら、「これぞ原因に違いない」と思っていることでも、実はそれほど大きな影響力を持たない場合もあり、気づいていない他の原因によって結果が引き起こされていることも少なくないからです。

たとえば先ほどの、通塾率の例で考えてみましょう。ある人が、受験に熱心な親がより多く住んでいる都会のほうが、中学生の通塾率が高い事実を示して、「受験競争がさらにきびしくなったから通塾率も上がったという証拠はこれだ」といったとします。なるほど、受験熱心な親がたくさん住んでいる地域なら、結果的に受験競争がより激しくなる、だから、そうした地域で通塾率が高くなるという事実は、「受験競争がさらにきびしくなったからだ」という解答が正しいことの証拠であるように見えます。

しかし、これに対して、都会ほど、塾に子どもを通わせることのできる裕福な家庭も多いから、通塾率も高いのだ、という説明だって可能です。この場合、教育熱心な家庭が多いことが原因だという見かたに対して、それは見かけ上の原因である可能性を提示しています。もしも、家庭の経済状態のほうがより重要な原因だとすれば、先の説明では原因と見なされていた「家庭の教育熱心さ」の影響は、見せかけのものだということになります。

このような例は、「疑似相関」と呼ばれている現象を示しています。一見、相互に関係（＝相関）があるように見えていて、実際にはその関係が偽物（＝疑似）であるという場合です。ひとつの原因と見なされている要因と、結果だけを見ていては、この疑似相関は見えてきません。もうひとつ、これぞ本当の原因ではないかと思われる要因を加えて、三つ以上の要因間の関係として見たときにはじめて、最初に見ていた原因と結果との関係が疑似相関であるかどうかがわかるのです。つまり、第二の原因に気づくことが、大切なのです。

ステップ2　疑似相関を見破る

それでは、原因だと見なしていたことが、実際に重要な要因であることを確認するためには、どうすればよいのか。いい換えれば、疑似相関を見抜く方法は何か。

その方法は、他に重要と思われ、かつ、同時に変化している要因の影響を取り除いてみることです。そして、それでもなお、最初に原因と見なされた要因の影響力がなくならないことを見ればよいのです。「えっ、要因を取り除くなんてできるの」と不思議に思う人もいるでしょう。もちろん、実際に起きている出来事の中で、ある特定の要因の影響を取り除くなんてできません。

しかし、すでに起きている複数のことがらを比べることによって、結果的には「同時に変化している要因の影響を取り除く」のと同じようなことができるのです。

調査のデータを使って複数のグループを比較したり、頭の中でいろいろなケースを比較してみる。つまり、他に重要と思われる条件が同じになるように複数のケースをとって比べることで、同時に変化している要因を取り除くのと同じような操作ができるのです。

実際に例を使って、どのようにするのか見てみましょう。

ここでも先ほどの塾の例を使います。たとえば、小学生の子どものいるいろいろな家庭にアンケート調査を行い、アンケートの中で、家庭の年収や、子どもが塾に行っているかどうかとともに、親に対して「あなたはお子さんの勉強を見てあげることがありますか」といった質問によって、親の教育熱心さを調べたとしましょう。そして、表1のような結果が仮に得られたとします。表1では、教育熱心な家庭ほど、子どもの通塾率が高いことを示しています。この結果から、教育熱心であることが、通塾率を高める原因であるという結論を得

●表1　通塾率の比較（A）

教育熱心な家庭		教育熱心でない家庭
50％	＞	40％

●表2　通塾率の比較（B）

年収800万円以上の場合

教育熱心な家庭		教育熱心でない家庭
55％	＞	45％

年収800万円以下の場合

教育熱心な家庭		教育熱心でない家庭
45％	＞	35％

●表3　通塾率の比較（C）

年収800万円以上の場合

教育熱心な家庭		教育熱心でない家庭
54％	≒	50％

年収800万円以下の場合

教育熱心な家庭		教育熱心でない家庭
41％	≒	39％

たとしましょう。

さて、この結論に対して、はたしてそれが疑似相関でないかどうかを確かめるにはどうすればよいでしょうか。そのためには、家庭の経済状態という条件を同じにして、家庭の教育熱心さが通塾率に及ぼす影響を比べてみればよいのです。そのために、たとえば、年収八〇〇万円以上の家庭だけを取り出してみます。こうすることで、このグループの中では、家庭の経済状態という条件を、一定にすることができました。そこで、このグループの中で、親が教育熱心な家庭とそうでない家庭とで子どもが塾に行っているケースはどちらが割合として大きいのかを比べてみます。表2の上に示すように、教育熱心かどうかによって、やはり通塾率が違っていたということがわかったとしましょう。同じように、年収八〇〇万円以下のグループについても、表2の下のような結果が得られたとしましょう。いずれのグループでも、最初の表1と同じように、教育熱心な家庭ほど通塾率が高くなっています。

このような結果が得られた場合、表の上であれば年収八〇〇万円以上の家庭を取り出すことで、下であれば八〇〇万円以下のグループを取り出すことで、すでに家庭の経済状態は、それぞれ「同じ条件」にしてあります。したがって、この表2の結果から、家庭の経済状態によらずに、教育熱心であるかどうかが、通塾率を決める原因であるという結論を下すことができるのです。この場合、疑似相関ではなかったということです。なぜなら、家庭の年収によらずに、やはり教育熱心である家庭ほど、子どもが塾に行っているという結果が得られているからです。

それでは、もしも同じような比較をして、表3のような結果になった場合はどうでしょうか。この場合には、最初の表1で見られたのとは違う結果になっています。この表では、家庭の年収が同じくらいであれば、教育熱心かどうかで子どもの通塾率に大きな差は見られないという結果になっています。このように、家庭の経済状態という条件を同じにしてみると、塾に行く割合が変わらないという結果が得られた場合、教育熱心さという要因を原因だとする見かたは、疑似相関であったということになります。一見、教育熱心さが重要だと思われていたのにもかかわらず、実際の原因は、家庭の年収のほうであったことがわかるからです。

このような原因と結果との関係を確定するための考えかたは、何もこうした統計的な操作の場合だけにかぎりません。数字が出てこない場合についても応用可能です。その場合は、「他のもっと重要だと思われる要因」を探し出して、それが同じ条件になるようなケース同士を比べてみるのです。いや、むしろ、数字の出てこないケースに応用することで、常識的なステレオタイプにとらわれない複眼思考をすることができるようになるのです。

たとえば、こんな見かたに出会ったら、「疑似相関」かどうかを疑ってみる必要があります。「日本人は集団主義的だから、○○だ」とか「日本では儒教文化の影響が残っているので、○○だ」とか「日本は学歴社会だから、○○だ」といったような、日本や日本人を一般化して、よく耳にするステレオタイプに押し込めようとする「常識的説明」です。

このような場合、どうすれば「疑似相関」を見破れるのか。例をあげて考えていくことにしましょう。

「日本人は集団主義だから、企業において終身雇用が定着した」などというステレオタイプの場合、集団主義を終身雇用制という結果の原因と見なして間違いはないかということが問題になります。「なるほど、日本人は集団主義だといわれるから、これももっともらしい」と受け取ってしまうかぎり、ステレオタイプにはまってしまいます。

このような場合、集団主義的ではないアメリカでは、終身雇用に似た制度をとっている企業はないのかどうかを調べてみる。もし、個人主義の強い社会でも、何らかの経済的な条件が理由となって、終身雇用的な制度が見られるのであれば、集団主義が原因だという見かたに、反論ができます。たとえば、アメリカでも「エクセレントカンパニー」と呼ばれていた優良企業の中には、終身雇用に近い長期雇用の傾向を示す企業もあります。そうであれば、集団主義という社会全体をカバーする文化的な要因よりも、熟練習得の過程など、それぞれの企業に共通する経済的な特徴のほうが、より重要な原因として発見できるかもしれません。

あるいは、台湾や韓国のように儒教文化の影響を受け、日本とかたちは異なるものの、欧米の個人主義に比べれば集団主義的な傾向の強い社会において、終身雇用がどれだけ広がっているかを見てみる。もし、日本以外の集団主義的な社会で、終身雇用のようなしくみがほとんど取り入れられていないのであれば、集団主義が終身雇用を生んだ原因だという見かたは退けられるでしょう。

このように、原因と思われる条件が同じになるようなケースを探し出して結果を比べたり、結果が同じなのに原因と見なした条件の異なるケースを探したりして比べてみる。先ほど説明した条件を操作するのと同じ発想で、原因と思われていることがらの影響力を比較してみるのです。こうやって、二〇二〜二〇三ページで述べた因果関係を確定するための第三の原則を応用することで、ステレオタイプのとらえ直しが可能になります。

いや、外国との比較をしなくても、終身雇用の恩恵にあずかっている日本人の雇用者が戦前にどれだけいたかを調べてみるだけでも、こうしたステレオタイプの因果関係を再検討できるでしょう。もし集団主義が日本文化に特有なものであるとすれば、戦前も戦後も（そして、「構造改革」が叫ばれている二一世紀初頭も）日本人の集団主義的特徴に変わりはないはずです。つまり、戦前と戦後との間で、集団主義という条件が同じであると見るわけです。にもかかわらず、もしも戦前の日本企業においてはまだ終身雇用的な雇用慣習が広く行われていなかったとすれば、終身雇用の原因を集団主義という日本文化に求めることは間違っている可能性がある。そういう疑義を提出することができるでしょう。

もうひとつ例をあげて、この発想を応用してみましょう。今度は、「日本は学歴社会だから、〇〇だ」というステレオタイプを例にします。日本は学歴社会だから、受験競争が激しくなって、いじめや登校拒否などの教育問題を生み出しているというステレオタイプに、どうすれば疑問を投げかけることができるか。あなただったらこの問いにどうアプローチしますか。どんな比較をして「疑似相関」を見破ればいいでしょうか。ここでちょっとこの本を置いて、自分で考えてみてください。

私だったら、こんな風に考えてみます。

この場合であれば、日本以上に学歴社会的な特徴を持った社会と日本とを比べてみるのです。学歴によってその後の人生が大きく決まってしまうような社会を学歴社会と呼ぶのであれば、何も日本だけが学歴社会とはいえなくなります。社会に出てからの昇進の可能性や、所得の格差などに学歴の違いが影響する社会は、日本の他にもたくさんあります。その影響だけを比べると、日本以上に学歴社会的な国もあるくらいです。

たとえば、新聞やテレビなどで「お隣の韓国では日本以上に受験競争が激しいらしい」というニュースを読んだり聞いたりしたことのある読者もいることと思います。そういう場合であれば、日本と韓国を比べてみようという発想になるでしょう。

そうしたことがわかったとしたら、今度はそれぞれの学歴社会（この場合なら日本と韓国）の間で、受験競争の激しさがどれだけ違うのかを比べてみたり、登校拒否の発生件数を比較してみたりすればよいのです。もし、学歴社会であるほど、上級学校に入る競争がきびしくなり、さらには登校拒否なども増えているということがわかれば、たしかに、「学歴社会だから教育問題が発生するのだ」という因果関係のとらえかたは支持されるでしょう。しかし、もし、そうした明確な関係が消えてしまったら（この例では、韓国では日本ほど登校拒否やいじめが発生していないのであれば）、「日本は学歴社会だから……」というステレオタイプは間違っていたことになります。

このように因果関係を確認するための手続きを応用すれば、一見もっともらしく見えるステレオタイプ的なものの見かたの怪しさから逃れることができるでしょう。これらの「常識」が想定している原因とは別の原因にまで目を向けること。そうした隠れた原因探しをしようとすること。「なぜ」という問いの展開によって、こうした複眼思考ができるようになるのです。

ここまでのポイントをまとめておきましょう。

●ポイント●

1　なぜ、という問いは、考えることを誘発する。

2　なぜを問う「因果関係」を確定するには、三つの原則がある。中でも、第三の原則（他の条件の同一性）が重要。

3　原因だと思われている要因が、じつはあまり重要でない場合（疑似相関）に着目する。そのためには、原因以外の要因が影響を及ぼしていないかどうかに目を向ける。他の社会や組織、違う時代との比較が有効なヒントを与えてくれることがある。

ステップ3　問いの展開例

「なぜ」という問いの立てかたが、考えを深めたり、問題の多面性をとらえるうえで有効であることは、これでわかっていただけたと思います。とはいうものの、それでは実際に問いをブレイクダウンしたり、展開するにはどうしたらよいのか。「なぜ」が大切なことはわかったけれど、どうすればそこから問いをずらしたり、展開できるのか、と思った読者もいることでしょう。そこで次に、どうすれば問いの展開ができるのか、その具体的方法の説明に移りましょう。ここでは、「なぜ、大卒の就職が難しくなってきたのか」という問いを例に、考えていきます。

この問いに、ストレートに「なぜならば」と答えようとすると、問題の複雑さに頭を抱えてしまうかもしれません。あるいは「景気が悪いからだよ」という、それ自体はたしかに主要な原因のひとつとしてもっともらしい「答え」を見つけて、「ああそうなんだ」と納得しておしまい、ということもあるでしょう。いずれの場合も、そこで止まってしまうと、「なぜ」という問いも考えることにつながっていきません。

そこで、この問題の複雑さを解きほぐす、つまりブレイクダウンすることによって、「大きななぜ」をいくつかの「小さななぜ」に分けて考えていくようにしてみましょう。そのためのひとつの方法は、「なぜ」という問いに含まれる「主語」を、それを構成する下位の集団に分解していくことです。例えば「日本企業は」というのが問いの主語であれば、これを「製造業」と「非製造業」に分けてみたり、あるいは企業規模別に分類してみたりする。「二〇代の若者」が主語の場合には、男女で分けたり、勤労者か学生か、勤労者の場合は勤め先や職業は何か、学生の場合にはどんなタイプの学校に行っているかといったように、主語を分けていくのです。

こうやって問いの対象になっていることがらを、いくつかの要素に分けていきながら、新しく作られた「主語」に対して、また、それぞれの新しい「なぜ」を作り出していく。それが、ここでのポイントになります。この方法を使うことで、もっともらしい常識的な解答に満足せず、ステレオタイプを避けるための「新しい問い」の発見にいたることができるでしょう。

それでは、「なぜ」の主語を分解していくにはどうしたらよいのか。ここで提案するのは、「なぜ」という問いを立てたら、今度は、「どうなっているのか」という実態を問う問いを間にはさんでいくという方法です。つまり、「なぜ」の問いを、その主語を分解したうえで、「〇〇はどうなっているのか」という問いへと分け、さらにそこから、また次の「なぜ」を導いていく。実態を問う問いと因果を問う問いとが交互に出てくるやりかたによって問いを展開していくのです。

それではどうやっていけばよいのか。具体的に例を使ってやってみましょう。

(1)大卒就職はなぜ難しいのか

「最近の大卒就職はなぜ難しいのか」という問いを、ここでは「男子学生と女子学生とでは、どのように違うのか」という問いに「展開」してみましょう。(実は、このように展開する場合には、あらかじめ「男女で問題の性質や背景が違うだろう」という見込みや、それを見込んだうえでの問題意識が前提として入り込んでいます)。「大卒」という「なぜ」の問いの主語を、男子の大卒と女子の大卒の二つのグループに分けて、「どうなっているのか」という実態を問う問いに立て直したわけです。

このように問いを立て直してみると、女子のほうが就職率が低いとか、就職先にたどり着くまでの時間が長く、面接の回数が多いという実態がわかるでしょう。このように展開した問い自体は、「○○はどうなっているのか」という実態を問う問いのかたちですから、調べれば「答え」はわかります。

(2)なぜ女子のほうが就職が難しいのか

そこで、その事実にもとづいて、次に「なぜ、女子のほうが就職が難しいのか」という「なぜ」という問いを発してみます。この問いが最初の問いの展開として重要なのは、こうして問題を男女別に分けることによって、「景気が悪いからだよ」という一般的な解答では満たされない「新しい問題」を導いてくれるからです。男子学生にはあまり当てはまらないことがらが、女子には当てはまるとすれば、不況のせいばかりとはいえなくなるわけです。

そこで「なぜ、女子の就職難が起こっているのか」という因果を問う問いを立てて、次の思考のステップに移ることにします。このような新しい問いの展開は、じつは、〈男女の違い（ジェンダー）〉という新しい要因を付け加えて、最初の問いである「大学生の就職はどうなっているのか」を分析していることになります。いい換えれば、性差という原因によって、大学生の就職がどのような影響を受けるのかを探っていることと同じなのです。

ところで、このように問いを展開した場合に、「日本の企業にはまだ女性差別が残っているからだ」という、これまた常識的な「答え」がすぐに返ってくるかもしれません。このような「正解」を与えられて、「ああそうなのか」と思考停止してしまっては、せっかく見つけた「新しい問い」の意味がなくなってしまいます。

(3)大学の違いはあるのか、ないのか

そこで「なぜ、女子の就職難が起こっているのか」を考える場合、ここでも「女子」を分解してみることにしましょう。「大学や短大のタイプによって、女子の就職難にはどのような違いがあるのか？」という問いはどうでしょうか。

この「○○はどうなっているのか」という実態を問う問いをはさむことで、「日本の企業にはまだ女性差別が残っているからだ」という常識的な解答が満足のいくものではないことがすぐにわかります。たしかに男子に比べれば女子の就職は難しくなっています。しかし、有名大学とそうでない大学の女子学生の就職状況を比べると、歴然とした違いがあることがわかります。これは調べればわかる「実態を問う」問いへの答えです。しかし、このような実態を問う問いを間にはさむことによって、ここでも女子の就職難が、女性差別一般の問題ではないことがわかります。

●図1

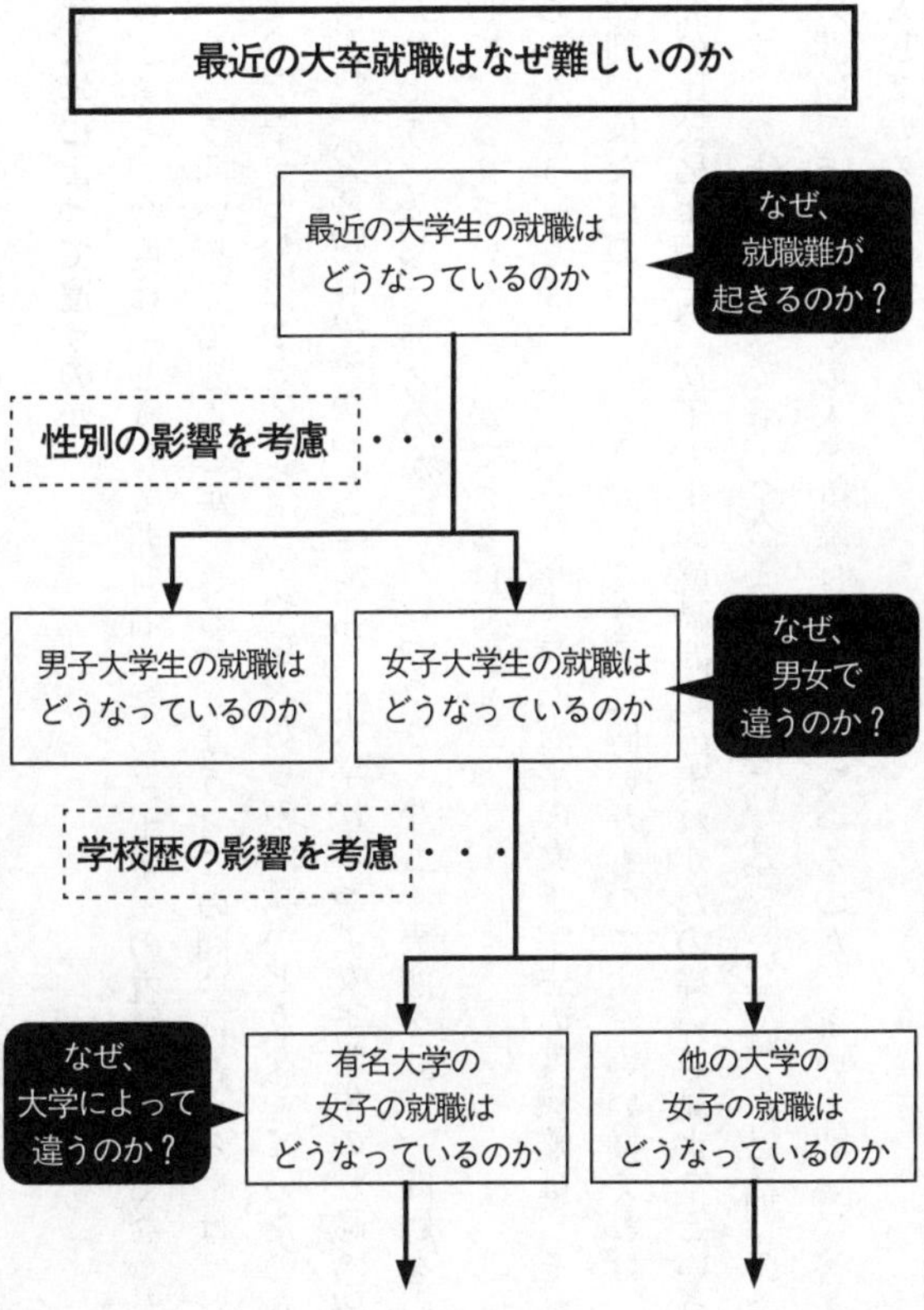
最近の大卒就職はなぜ難しいのか
最近の大学生の就職は
どうなっているのか
なぜ、
就職難が
起きるのか？
性別の影響を考慮・・・
男子大学生の就職は
どうなっているのか
女子大学生の就職は
どうなっているのか
なぜ、
男女で
違うのか？
学校歴の影響を考慮・・・
なぜ、
大学によって
違うのか？
有名大学の
女子の就職は
どうなっているのか
他の大学の
女子の就職は
どうなっているのか

(4) なぜ大学によって違うのか

そうすると、今度は「どうして非有名大学の女子学生の就職は難しくなったのか」という問いを立てることができるでしょう。この問いに答えるには、たとえば、「過去においてこうした大学や短大からの就職がどうなっていたのか（一般事務への就職者が多かった）」とか、「大学によって女子学生の就職希望先がどのように違っているのか」、といったさらなる「実態を問う」問題を引き出して、答えていくことができるはずです。

もちろんこうした問いは、「どうして有名大学の女子学生の就職難は、それほど深刻ではないのか」という問いを念頭に置いたものです。いい換えれば、大学間の比較によって、女子大生の就職問題の表れかたの違いを見ようというわけです。つまり、ここでも、〈大学の違い〉という新しい要素を付け加えて、最初の問題である「最近の大卒就職はどうなっているのか」という問いに答えようとしているのです。

このように、問いを展開するということは、最初の「最近の大卒就職はどうなっているのか」という問いを、まずは性差の影響を考慮に入れて問いを分解する（↓「なぜ、女子の就職難が起こっているのか」）、次に大学間の差異というもうひとつの要因の影響を考えて、さらに問いを分解する、というように（↓「大学によって女子学生の就職希望先がどのように違っているのか」↓「どうしてそうした違いが生じるのか」）、影響を与えていると思われる要因を付け加えていくことになっています。

これが、「なぜ」という問いの主語を構成している部分を複数の要素に分解してみることで、原因の要素をいくつかに分けて考えていこうというアプローチなのです。

このようなつながりを図に示すと、図１のようになります。この図からわかるように、この方法は、最初に問題にしたグループを、さらにいくつかの下位のグループに分けていくことによって、分けるたびに、新しい問いを導いていきます。したがって、どのようにグループを分けていくのかが、考えを進めるうえでの第一のポイントになります。

第二のポイントは、「〇〇はどうなっているのか」という問いが「なぜ」という問いを導き、さらにまた、その「なぜ」という問いが「どうなっているのか」という問いを導くというように、実態を問う問いと因果を問う問いとが交互に出てきていることです。最終的に答えたいのは、最初の「なぜ」という問いです。しかし、その問いにただちに答えるのが複雑でわかりにくい場合には、その問いを「〇〇はどうなっているのか」という実態を問う問いにいったん変換します。このとき、問いの分解が行われるのです。

第三のポイントは、問いを分解するときにヒントとなるのが、どのような要因が背後にあって結果に影響を及ぼしているか、という見当だということです。先の例でいえば、男女の違いや大学の違いということが、大学生の就職に影響を及ぼしているだろうという予想があって、それにもとづいて、グループを分けています。あるいは、ここでは触れませんでしたが、文系と理系の違いや地域差といった要因の影響を思いついた読者もいるかもしれません。いずれにしてもどのような要因が背後にあるかを考えることによって、「大学生の就職難はなぜ生じているのか」と漠然と考えているよりも、より具体的な問いのかたちを導くことができるのです。

しかも、このような問いの展開は、「なぜ」という問いの連鎖を生み出します。そして、それぞれの「なぜ」や「どうなっているのか」に答えていくことが、最初の大きな「なぜ」への解答になっていくのです。

●ポイント●

1　最初のグループを複数のサブグループに分ける。

2　「なぜ」と「どうなっているのか」の組み合わせで問いを展開していく。

3　問いを分解する場合には、どんな要因の影響があるのかを見当をつけながら分けていく。

3　概念レベルで考える

ステップ1　概念のはたらき

先ほど「日本人は集団主義的だから、○○だ」といった日本人全体を一般的に大きくくくってしまうステレオタイプの発想は、思考停止に陥りやすいといいました。その対極に、個別の事情にこだわり過ぎて起こる思考停止がありま す。あまりに細かい個々の事情に入り込んでしまうと、事情の特殊性にとらわれ過ぎて思考が前に進まなくなるのです。「そうかもしれないけど、個々のケースによって違うよ」とか、「結局、その人その人で事情が違うのではないか」とか、「時と場合によって原因もさまざまだよ」とか。こうして個別の事情に引き付け過ぎてしまうと、そこで思考は再び停止してしまいます。

そこで問題となるのが、問いを立てるときの、抽象度や一般性、あるいは具体性、個別性のレベルということです。どの程度一般的なことがらとして問いを立てるのか。どのくらい具体的な問題の中で、「なぜ」を問うのか。抽象性や具体性のレベルということを意識しておくと、今度はそれが問いを展開するうえでの重要な手がかりとなります。なぜなら、考えるということは、目の前のひとつひとつ具体的なことがらを手がかりにしながらも、それにとらわれることなく、少しでも一般的なかたちでものごとを理解していくことだからです。つまり、具体的な個別のことがらと、一般的なことがらとの往復運動の中で、考えるという営みは行われるのです。

したがって、問いの展開の第二の方法は、こうした抽象性と具体性のレベルを自由に使い分けることから可能になります。しかし、そのやりかたについて具体的に説明するためには、準備がいります。その準備とは、概念、あるいは概念化ということの理解です。そこで、第二の方法を説明するために、少し回り道をすることにしましょう。

概念というと、何かとても難しいことのように感じる人も多いでしょう。ですが、少しの間辛抱してください。概念、そして概念化ということを理解できると、問いの展開にとって役立つ道具となるからです。

さて、それでは概念、あるいは概念化とはどういうことか。

今、目の前に二つのリンゴがあったとします。ひとつのリンゴを手に取ってみます。このリンゴは、たしかにひとつの具体的なリンゴです。一口かじってみれば、他のリンゴとはっきりと区別されるリンゴであることがわかります。しかし、リンゴがリンゴであることの共通性を探っていけば、まだ、かじっていないもうひとつのリンゴも同じリンゴです。二つのリンゴは共通性を持っています。

このように見ていくと、モノやコトは、具体的で個別的なレベルから、共通性によってくくられる、より一般性の高いレベルまで、いくつかのレベルで把握できることがわかります。目の前のかじった「そのリンゴ」は、具体的、個別的なものです。一方、「リンゴは青森の特産です」という場合の「リンゴ」は、もっと抽象度の高い、リンゴ一般、つまり概念でとらえられるリンゴをさしています。

私たちはモノばかりでなく、コトもまた個別・具体的なレベルから、一般的、抽象的なレベルにまたがって認識しています。たとえば、「B社に勤めている太郎君が子会社のA社に一時的に勤務先を変えた」というのは、ひとつの具体的、個別的な「出向」の例です。この場合、「出向」という概念によって、クビとも転職とも違う勤務先の異動がとらえられていることになります。つまり、出向という概念でとらえると、太郎君にかぎらず、ある会社から別の会社に一時的に勤務先が変わること一般について、その出来事を語ることができるのです。

このように、私たちがものごとについて語るとき、具体的、個別的なレベルから、抽象度の高い一般的なレベルまで、さまざまなレベルを設定してものごとをとらえています。

概念化というのは、こうした抽象度を高めて、ものごとをとらえようとするときの方法のことです。先ほどのリンゴの例でいえば、目の前のかじったリンゴを、リンゴ一般として認識し、語ることが「概念化」ということになります。もうひとつの例でいえば、「A社に勤めている太郎君がB社に一時的に勤務先を変えた」という現象を、「出向」としてとらえるとき、私たちは、個別の出来事を一般的な「出向」という現象として語っていることになります。概念としてものごとをとらえること、すなわち、概念化とは、このように一般性の高いレベルに立って、ものごとを認識していく方法なのです。

したがって、概念化という方法のメリットは、共通性を高め、個別の細かな事情を切り捨てていくこと（捨象するということ）にあります。個々の出来事の細部にこだわっていたのでは見えてこない現象の共通性を探るために、ものごとを概念化してとらえることが有効な手段となるのです。

ステップ2　概念とはサーチライトである

もうひとつ、概念が思考のはたらきにとって重要なのは、ある概念が与えられることによって、それまでは見過ごされていたことがらに光が当てられるようになることにあります。アメリカの社会学者、タルコット・パーソンズは、このような概念のはたらきを「サーチライト」にたとえました。新しい概念は、それまで暗やみの中で見えなかったことがらに光を当てて、その存在を示すサーチライトだというわけです。

たとえば、「ジェンダー」という概念を例に説明してみましょう。ジェンダーというのは、社会的、文化的に作られた「性差」、つまり、男女の違いのことをいいます。この概念が登場するまでは、男女の違いということは、身体の特徴にかかわる生物学的な違いであると見られることが多かったわけです。たとえば、「女性が子どもを出産する」というのは、生物学的な身体の違いにかかわることがらです。これは、当たりまえといえば当たりまえのことがらです。

それに対して、「女性が子育てをする」の場合はどうでしょうか。この場合、生物学的な性差だけで説明することはできません。ある社会の約束事として、

「子育ては女性がするものだ」ということが決まっている場合にかぎって、そういえるからです。このように、ジェンダーという概念の登場によって、男女の違いのうち、どこまでが生物学的な違いで、どこからが社会や文化によって決まる違いなのかを区別できるようになりました。つまり、ジェンダーという概念の登場によって、これまでは暗やみのもとにおかれていた、「社会的に作られる性差」という現象に目を向けることができるようになったのです。

この新しい概念に照らし出されることで、それ以前であれば当然と見なされていた「常識」にも疑問が持たれるようになりました。「子どもは女性が産むものだから、子育ても女性がするのが当然だ」という常識は、ジェンダーという概念が導入される以前には当たりまえのことだったかもしれません。しかし、いったんジェンダーという概念によって、性差の中に、生物学的なものと社会的なものがあることが区別されると、「子どもは女性が産むのだから」という理屈で、したがって、「子育ても女性がするべきだ」という結論にいたるのは、生物学的に決まっていることがらではなく、社会の約束事によって決まっていることがらであるといえることになります。つまり、言外には、「男性だって子育てはできる」という、それまでの常識とは違う、新しい見かたの「発見」につながっていくわけです。

このように概念の導入は、それまで見過ごされていたことに光を当てて、新しい現象の発見に寄与します。そうした概念のはたらきは、次の二つに区別できるでしょう。ひとつは、今までは一緒にくくられていたことがらを、新しい概念によって区別し、その違いを示すことで新しい現象に光を当てるという効果です。これは、先ほどのジェンダーの例のような場合です。同じように見なされていたことがらを、分類し直してみることで、それまで問題にされていなかった部分が見つかるのは、この第一の概念のはたらきによるのです。それに対し、第二のはたらきは、区別することとは反対に、それまでばらばらだったことがらに、新しい共通性を見つけてくくり直すということです。

第一の区別する効果の例としては、ジェンダー以外に、企業のリストラクチュアリング（リストラ）をあげることができるでしょう。この概念が登場するまでは、企業での人員の整理や配置替えといった現象は、「合理化」という概念でくくられていました。しかし、合理化の対象は主に生産現場の労働者でした。企業組織全体の変化の中での人員配置の変更というよりも、生産現場に限定しての使いかたが多かったのです。

それに対して、八〇年代後半以降、企業組織の改編は管理部門にも及ぶようになりました。その結果、ホワイトカラーの人員配置の変更という事態が生じてきたのです。このような新しい現象を、「合理化」という概念でとらえるよりも、より広範な組織変化の中で生じている現象としてとらえるために、「リストラ」という新しい概念が登場したのです。この概念は、すでに合理化の進んだ生産現場以外の、経営管理部門の人員整理の必要性を訴えるために登場した概念であるといえます。だから、従来の「合理化」と区別される必要があったのです。

概念を導入することの第二のはたらきは、区別することとは反対に、新しい共通性を見いだして、くくり直す場合です。たとえば、「セクシャル・ハラスメント（セクハラ＝性的な嫌がらせ）」という概念は、この第二のはたらきの例といえるでしょう。

この概念が登場する以前にも、職場などで男性が女性の同僚に対して、卑猥《ひわい》なことをいってみたり、身体を触ったりという、さまざまな嫌がらせがありました。あるいは場合によっては性犯罪にいたるまでの行動さえありました。女性が不快と感じていたこうした言動や行動は、この概念が登場するまでは、程度や種類もばらばらで、同じ特徴を持ったものとしては認識されていなかったといえます。それぞれ、別のことがらと見なされていたわけです。

ところが、「セクシャル・ハラスメント」という概念の登場によって、これまで別々に見られていた言動や行動が、男女間で起こる嫌がらせとして、共通のカテゴリーにくくられるようになりました。つまり、ばらばらに問題にされていたことがらが、「セクシャル・ハラスメント」という概念のサーチライトによって共通の現象であると見なされるようになったのです。

ステップ3　概念・定義・ケース

このように概念はサーチライトとして、具体的なさまざまなことがらを照らし出し、分けたり、くくったりします。ということは、概念が照らし出した先には、個別のそれぞれのことがらがあるということです。このような個々の具体的なことがらをここでは「ケース」と呼ぶことにしましょう。

たとえば、「家族」という概念があります。この概念で照らし出されるのは、ひとつひとつの具体的な家族のケースです。おそらく、あなたが一番よく知っているのは「自分の家族」という個別、具体的なケースでしょう。あなたは、生まれ育った家族のことや、妻や夫の家族のケースも知っているかもしれません。これらもそれぞれが、「家族」という概念によって照らし出される具体的な家族のケースです。

それではあなたは、「家族」という概念でくくられる、より一般的なことがらについて、どれくらいのことを知っているでしょうか。いや、そもそも「家族」とはいったい何なのか。実際には、家族をどのように定義するかによって、家族という概念でとらえることのできる範囲は違ってきます。たとえば、親元を離れて下宿でひとり暮らしを始めた大学生の家族は、彼ひとりの「単身世帯」を指すのか、それとも故郷の親たちと子どもである彼を含めて家族というのか。あるいは、すでに就職して経済的に親から独立してもなお、ひとり暮らしをしている場合はどうか。別の例でいえば、単身赴任中の父親は、東京に残した妻や子どもたちと同じ家族に属しているといえるのか。このような境界上の例を「家族」に含めるかどうかは、家族という概念をどのように定義するかにかかっているのです。

このように概念の定義ということに目を向けると、概念とケースとを結びつけるのは概念の定義によることがわかります。目の前にある具体的なケースが、ある概念でとらえられることがらに含まれるかどうかは、定義によるからです。

しかし、私たちは通常、概念のレベルで考えているときでも、その概念がどのように定義されているのかに、あまり目を向けないことが多いでしょう。何となくわかったつもりで、概念を使ってしまうのです。とくに、難解な概念の場合はそうでしょう。たとえば、「個性」とか「創造性」とか「合理性」といった概念は、何となくわかったつもりになるものの、明確な定義づけなしに使われることが多い概念です。

いい換えれば、ケースとの対応をつけるときに、どのケースに当てはまるかの判断があいまいになりがちだということです。たとえば「あなたには創造性があるのかないのか」と聞かれても、そこでいう「創造性」が何を指しているのか——天才的な発明をできる才能か、それともちょっとしたことに気づいて「改善」ができるだけの能力か——相手がどのような定義でこの概念を使っているのかによって、答えも違ってくるでしょう。とくに、「創造性を育てる」などという場合には、それがどんな内容であるのかによって、実際に行われることも違ってくるはずです。このように、概念のレベルでものを考えようとする場合、それがどのような内容を示すのかを明らかにしておかないと、それこそただの抽象論に終わってしまうことが少なくありません。

通常の生活の中では、私たちはどんな意味で、どんな概念を使っているのかなどには、あまり関心を向けないものです。普通は、具体的なケースに囲まれて生活しているからです。自分の身の回りのケースについて考えることですんでいるのです。

しかし、複眼思考を身につけるためには、概念のレベルで問題を考えていくことが重要となります。なぜなら、個別のケースの中だけで考えているかぎり、そのケースを越え出る問題の広がりには目が向かないからです。当面の問題だけを追っていると、その問題が自分にとって身近でなじみがある分だけ、問題を当たりまえと見なしてしまうことも多くなるのです。

具体的な個々のケースのレベルでものごとを問題にする場合と、抽象度の高い、より一般的なレベルで考えていくこととは明らかに違います。そして、概念化という方法を用いることは、概念がサーチライトとして照らし出しているひとつひとつの具体的なケースのレベルと、概念としてとらえることのできる、より抽象度の高いレベルの二つを使い分けることなのです。

先ほどの家族の場合でいえば、目の前の家族の問題（ケース）を考えているときに、より抽象度の高い「家族」という概念レベルに議論を移行させることで、雑多な情報を切り捨てて、すっきりと問題をとらえることが可能になるでしょう。あるいは、別の家族のケースと比較することで、家族一般が抱えている問題へと近づくこともできるでしょう。概念という道具を使うことによって、具体的なケースのレベルにとどまっていては見過ごされてしまう問題を発見していくことが可能になるのです。

〈複眼思考のためのヒント〉禁止語のすすめ

学生たちと議論していると、しばしば、抽象的な概念をよくこなれないまま使っている例に出会う。「構造」とか「個性」とか「人間形成」とか「権力」といったビッグワード（概念）が典型的な例である。もともとの概念の定義にはお構いなしに、何となく理解しているレベルで、こうした難しいことばを使ってしまう場合も少なくない。しかし、もともとの意味から離れて、こうした大きなことばを使ってしまうと、概念のひとり歩きが始まる。

その結果、こうしたキーワードは、容易にマジックワード（魔法のことば）に変わる。つまり、魔法の呪文のように、人々の考えを止めてしまう魔力を持っているのだ。これこそ、単眼思考の典型のような思考法につながる。「生きる力」「偏差値教育」や「青少年の健全育成」「金融秩序の維持」とか「預金者保護」「地域開発」や「自然破壊」「人権」や「ときの権力」「消費者保護」や「合理化・効率化」「報道の自由」などが典型である。これらのことばを使うことで、「何となくわかったつもりになる」場合が少なくない。これらは、使われる文脈を離れて、ひとり歩きをするビッグワード、マジックワードといえるのだ。

そこで、このようなことばを使用禁止にして、問題を考えてみる。教育の問題であれば、「個性」や「学力」ということば（キーワード）を使わずに、語ってみる。たとえば「個性を重視する教育」という決まり切ったいいかたに対して、「個性」の部分を他のことばでいってみる。一例として、「個性と校則との関係」を論じる場合にはこんな風になる。

「画一的な校則の強制は生徒の『個性』を育てない」というべきところを、学生Aは、「画一的な校則の強制は、『生徒ひとりひとりが自分なりによいところと思っている特徴（＝個性）』を伸ばすことを難しくする」といい換えたとしよう。すると、それに応えて、学生Bは「校則などの集団内の規律も、個性の尊重には重要だ」という主張を、「校則などの集団内の規律も、『ひとりひとりが他の人との違いを尊重しながら、自分なりのよいところ（＝個性）』を伸ばしていくためには、重要だ」といい換えた。

この場合、学生Bのいう「個性」には、「他の人との違いの尊重」という意味が含まれていたことがわかる。「個性」という何となくわかってしまい、しかもプラスのイメージを持ったことばを使っていると、このような微妙な意味の違いに気づかないまま、議論が進められる。「学力論」などその典型だ。そうしたマジックワードをあえて使わずに議論をしようとするだけで、概念のひとり歩きを止めて考えることが可能になるのである（もうひとつの禁止語の例は、第4章で「インターネット」を取り上げて展開している）。

「バブル経済」とか「バブル崩壊」といった、少し前の時代のとらえかたもそうしたマジックワードになりつつある。厳密な定義なしに、八〇年代後半の土地投機にからむ好況期を「バブル」と呼ぶことで、その時代に起きたことがらで現在に影響を及ぼしていることを皆、「バブル崩壊のせいだ」と見なしてしまう傾向がある。こういうときには、「バブル崩壊」ということばを禁止語にしてみると、本当にいいたいことと、何となく雰囲気で伝わっていることの違いが見えてくるはずだ。

しかし、このように、別のことばでいい換えると、まどろっこしさを感じることもあるだろう。実は、まどろっこしいと感じた分が、そのキーワードを使うことで、考えずにすんでいる部分を示しているのである。これらの概念が重要でないといいたいのではない。むしろ、その重要さをわかって使うために、概念の厳密な使い方に注意する、そのための方法として、「禁止語＝他のことばでのいい換え」という方法があるのだ。

なお、ここに紹介した禁止語のすすめは、社会学者の佐藤健二さん（『社会学・入門』宝島社）からヒントを得て、実際に私が学生を指導するときに使っている方法である。

ステップ4　問いを一般化・抽象化する

さて、それでは実際には、どうすれば概念とケースの関係を使い分けて、問いを展開できるのでしょうか。ここで紹介するのは、個別のケースから概念へと抽象度を上げていく方法です。ここでは、「いじめはなぜ起きるのか」という問題を例に、『アエラ』第三六一号（一九九五年二月二〇日号、五八ページ）に掲載された「弱い者同士がぶつかっている　いじめっ子に聞く『いじめの論理』」という記事を材料に、この方法について説明しましょう。

たとえば、ここには、次のようないじめのケースが報告されています。

〈ケース1〉

広島県の中学三年女子（一五）のグループでは昨年春、三年生のクラス替えを機にいじめが始まった。「五人グループのうち一人の女の子がわがままな性格で、何か頼むにしても、お願いじゃなくて命令口調だった。性格を直してほしいと思って、みんなで無視することにした」。いじめられた女生徒は、しばらくして学校を休むようになった。登校しても保健室に直行し、教室に出てこない。先生が気づいて話し合いの場を設けてくれた。「受験もあるし、彼女は推薦入学希望だから欠席が続くとマイナスになると思い、秋ごろからみんな普通に話すようになった。私たちも無視したのは悪かったけど、教室に来ないのもどうかと思う。いじめは罪悪感を感じるし、両方傷つく。もうしたくない」

このケースを問題にしている中学校（かりにA中学校と呼ぶ）の教師たちにとって、「いじめはなぜ起きるのか」という問いは、個別具体的な、このいじめのケースを念頭に置いているはずです。いじめられた女子生徒をBさん、いじめていた他の四人の女子生徒を、Cさん、Dさん、Eさん、Fさんと呼ぶことにすれば、この問題は、具体的にCさん、Dさん、Eさん、Fさんという固有名詞を持った生徒たちが、これまた固有名詞を持ったBさんをなぜ無視するようになったのかとなります。この場合、これらの生徒ひとりひとりの個別の事情を考慮に入れて、なぜ、いじめが起きたのかを考えていくことになるでしょう。

その場合、Bさんとこさんたちの仲が悪くなったきっかけが重要視されるかもしれませんし、これらの生徒を含めたこのクラス全体の雰囲気が問題にされるかもしれません。このクラスの担任の指導方法も調べる必要があるでしょう。まさに、このいじめのケースがなぜ起きたのかを考えていくことが課題となっているのです。

このような具体的なケースについて考えている場合、問いの展開も、具体的な個別の事情をめぐって行われるのが普通でしょう。「Bさんを無視するようになるきっかけは何だったのか」から始まって、「いじめがあったことを他のクラスメートは気づいていたのか、止めに入った形跡はあったのか」といった問いの展開が予想されます。

さて、ここで、もうひとつのいじめのケースが、私たちの目に入ってきたとします。それは、別の中学校でのいじめでもいいし、同じ中学校での別の学年で起きたいじめのケースでもいいでしょう。いずれにしても、先ほどのケースとは別のいじめ事件についての情報が得られたとしましょう。たとえば、それが次のようなケースだったとします。

〈ケース2〉
東京都小金井市の大学一年男性（一九）は、中学二年のとき、一人の男子生徒（G君とします）を集団で「シカト」した。話しかけてきても応えない。クラスみんなで避けた。「少しとろい人で、バレーボールでミスして顔にボールを当てたり。皆でばかにしてた。そんな人と友だちになりたくないし、仲良くしてたら周りの目が気になる」。今にしてみれば、つまらないことをしたと思う。「子供のころは、いつも楽しくしていたいじゃないですか。だからいろんなことやっちゃう。無視するのは楽しくないけど、陰で悪口いうのは楽しかった」

さて、私たちがこれら二つのケースをもとに「いじめはなぜ起きるのか」を考え始めたとたん、先ほどのひとつのケースだけについて考えていたのとは事情が一変します。私たちの目は、今度は二つのケースに向けられるようになり、それぞれのケースの共通点や相違点を考えるようになるからです。〈ケース1〉では「無視した」と表現される行為は、〈ケース2〉では「シカトした」と語られます。しかし、いずれにも共通した部分があるはずです。

こうした共通点を見つけた場合、それらをくり出す概念が必要になります。たとえば、「無視すること」や「シカトすること」を「集団からの排除」という概念でとらえることにしましょう。ここでは「集団からの排除」を、

●図2

ケースのレベル

〈ケース1〉
「なぜ、C子さん、D子さん、E子さん、F子さんは、わがままな性格と見られていたB子さんを無視するようになったのか」

〈ケース2〉
「なぜ、クラスの多くが、少しとろいと思われていたG君をシカトするようになったのか」

↓

概念のレベル

「集団内の異質性が、集団からの排除を受けるのはなぜか」

●図3

原　因

「集団の均質性」＋「集団所属への強制」

↓

結　果

「集団内の異質性が、集団からの排除を受ける」

「複数の個人からなる集団の中で、特定の個人を仲間外れにすること」と定義します。すると、これら二つのケースからだけでも、いじめ現象の共通項のひとつとして、「集団からの排除」という現象を取り出すことができるようになります。

次に、いじめの対象がどのように見られていたのかについての、共通部分に着目します。無視されたり、シカトされたりした子どもの側の共通点は何か。〈ケース1〉では、「わがままな性格で、何か頼むにしても、お願いじゃなくて命令口調だった」というように表現されています。他方、〈ケース2〉では、「少しとろい人で」といわれています。「わがままな性格」と「少しとろい」との間には一見すると何も共通する部分はないように見えるかもしれません。しかし、いじめた側から見ると、いずれのケースも、いじめの対象となった生徒は自分たちとは違うところを持っていた、というように見えたのかもしれません。そこでこの共通部分を取り出す概念として、「集団の中での異質性」を考え出したとします。「集団の中での異質性」の定義は、ここでは「他の仲間から見て自分たちと違うと見なされること」ということにします。

さて、このように概念のレベルで現象をとらえ直すと、「なぜいじめが起きたのか」という問いは、図2に示すように、「集団内の異質性が、集団から排除を受けるのはなぜか」という問いに変換されたことになります。

このように、概念のレベルに問いを展開するためのポイントは、以下のように整理されます。

1　複数のケースを並べて、それらに共通する部分は何かを考えること。

2　それらを共通するものとしてくることのできる概念は何かを探すこと。

3　その概念をどのような意味で使うのか、定義をはっきりさせること。

こうして概念のレベルで問いを立て直すことによって、私たちは、これら二つのケースに限定されない、より一般的な問題を考えていくことができるようになります。そして、概念のレベルで、この問いへの解答の見込み（仮説）についても考えていくことができるのです。

たとえば、図3に示すように、「①集団の均質性が高く、②その集団への所属が強制されていればいるほど、集団内の異質性は集団から排除を受ける」という答え（仮説）を考えたとします。いじめの研究としてはそれほど独創的な仮説ではありませんが、これを例に考えていきます。

このように考えると、原因を構成する二つの要素がそろった場合、「集団内の異質性が、集団からの排除を受ける」すなわち、「いじめ」が発生しやすくなるという仮説を考えることができるわけです。

このような概念レベルでの仮説を作ることによって、具体的な個々のケースのレベルで考えていたのでは気づかない、ケースの個別性を越えた原因やその関係にまで目が行くことになるでしょう。

そこで、次のステップは、概念レベルで表現された問いを、他のケースに当てはめて考えることです。たとえば、このような原因と結果の関係を考えたうえで、同じ記事に掲載されている、次のような別のケースを見るとどうなるでしょうか。

〈ケース3〉

横浜市の高校一年男子は、小学校五年のときに、いじめに「途中参加」した。「ひとりの女子をみんなでののしったり、ばい菌扱いした。勉強もスポーツも、普通よりちょっとできる子だった。いじめられる原因はよく知らないけど、昔、病み上がりでおふろに入れず、体が臭かったことがあるからだ、と聞いた。僕はそんなこと知らなかったけど、みんなが無視してるし、やらないと自分がやられる雰囲気で、集団心理でやってしまった」。なぜいじめに走ったのか、自分でもわからない人は多い。

〈ケース4〉

大阪府高槻《たかつき》市の大学一年の女性（一九）は、小学三、四年のときに一人の女子をクラス全員で無視した。「いじめられたのは、みんなより劣っていると思われていた女の子だった。楽しいわけじゃないけど、自分より劣っている人がいたほうが、優越感にひたれるんじゃないですか。私は嫌いだったわけじゃない。けど、その子を助けたら自分もやられると不安だった。リーダー格の女子が怖かった」

これら二つのケースでも、いじめを受けた子どもは、たまたま病気のせいで「体が臭かったこと」があったとか、「みんなより劣っていると思われていた」という異質性によっています。そして、ケース1から4までに共通する原因として、学校のクラスという、まさに、「集団の均質性が高く、その集団への所属が強制されている」集団が、いじめを生む場となっています。ここで、たとえば、戦時中の軍隊でもいじめが横行していたことや、疎開児童が疎開先でいじめられたというケースを思い起こしてみましょう。そうすると、現代の学校に限定されず、所属する集団が同じような特徴を持つ場合には、異質なものが排除される可能性が高くなることがありそうだ、というように、種類の違うケースを含めて考えていくことができるようになるのです。

このような概念レベルでの因果関係の見込みを考えるうえで、表4のような組み合わせ表を使うと、考えをうまく整理することがで

●表4　原因の組み合わせ

原因		結果
集団の均質性	所属の強制力	異質性の排除
＋	＋	＋＋
＋	－	－
－	＋	＋
－	－	－－

＋はそうしたことがある場合、－はない場合

きます。

同じ『アエラ』の記事に、「大学に行くとクラスの顔ぶれは授業ごとに違うから、友人もできにくいけど、いじめもない。同じクラスだったら毎日、顔を合わせなきゃならない。大学みたいにばらばらだったらいいのに」という大学生の発言がのっていました。この発言を表4の組み合わせ表によって考えてみると、どうなるでしょうか。大学の授業の場合には、集団の均質性は、いろいろな学年が入り交じる可能性から、中学校よりも低い（－）。しかも、クラスへの所属の強制力は中学校に比べ低いはずです（－）。したがって、この組み合わせにしたがえば、異質性の排除ということも起こりにくい（－－）ということが推測できるのです。

さらにこの組み合わせ表を使うと、「集団の均質性」と「集団所属の強制力」のどちらがより重要な原因であるのかも、考えることができるようになります。前に述べた、因果関係を確定する三つの原則の三番目を思い出してください。集団の均質性が高いと異質なものの排除が起こると考えられている場合、本当の原因は、もしかすると集団への所属が強制されているかどうかによるのかもしれません。その場合、この表でいえば、表の一段目と二段目のケースを比べることで、どちらが本当の原因か（あるいはどちらがより影響力の強い原因か）を調べることができるようになります。

たとえば、塾と学校を、それぞれケースとして比べてみたとしましょう。塾も学校もクラスの集団としての均質性はいずれも同じくらいと見てよいでしょう。しかし、所属への強制力は違います。塾だったらやめようと思えば簡単にやめられますから、学校のほうが所属の強制力は強いでしょう。この場合、学校でのほうが塾でよりもいじめが起きているとすれば、集団の均質性よりも所属の強制力のほうが、影響力の強い原因であることになります。

あるいは、同じ中学校でも、私立と公立の比較という、これまた別の種類のケースで比較するのもよいでしょう。中学の場合であれば、私立校から公立校に転校することはそれほど難しくないでしょう。その反対に、いったん公立中学に行っている子どもが、学年の途中から私立を受け直すことは難しいはずです。つまり、公立中学校のほうが所属の強制力が強いと見てよいでしょう。この場合、公立のほうが私立よりもいじめが起きやすいとすれば、集団所属の強制力が原因であると考えることができるかもしれません。

さらにこの考えを別のケースに応用すれば、中学校と高校を比べることになるでしょう。高校は義務教育ではありませんから、退学ができます。それに対して、中学校のほうが学校に行くことの強制力は強いでしょう。この場合、高校よりも中学校でより多くいじめが生じているとすれば、これもまた、集団所属の強制力を原因と見なす立場を支持することになります。そして、実際のいじめの発生件数の調査によれば、高校のほうがいじめが起きる確率は低いことがわかります。

このように、いったん概念レベルまで抽象度を上げて、問いを展開してみると、今度はそこから自由にさまざまな異なるケースに抽象度をおろしていって、概念レベルの仮説を検討することが可能になります。最初に考えた特定の中学校での個別のいじめのケースを考える場合と、概念レベルで考える場合の違いは、ここにあります。つまり、抽象度を上げて概念として問題を表現し直すことによって、一見関係がなさそうに見えるケースを材料に取り込み、問いを考えていくことができるようになるのです。

もちろん、個々のいじめのケースに携わる立場から見れば、まさに目の前の個別のケースは、複雑で錯綜した原因を持つことでしょう。そうしたことをひとつひとつ解きほぐすことが、その個別ケースの解決には不可欠です。深刻な問題であればあるほど、そのケースに入り込んで、事情を正確にとらえることが要請されることはいうまでもありません。

しかし、他方で、そのケースを解決できたとすれば、今度はその経験が別のケースを扱う際にも役に立つはずです。その場合、過去のケースの経験をより広く役立てるためには、これまで展開してきたような、ケースとケースの比較による一般化や抽象化という思考法が参考になるでしょう。過去の経験から学んだことを有効に役立てるためには、その経験を体系的にとらえ直し、他の人とも共有できるようにすることが重要となるからです。抽象化や一般化とは、経験を共有するための方法でもあるのです。

さらに、このように概念のレベルに抽象化して問いを表現し直すことは、私たちが陥りがちなステレオタイプ的発想を回避する手がかりも与えてくれます。

たとえば、これまで扱ってきたいじめを例にすれば、「集団内の異質性が、集団からの排除を受けるのはなぜか」という問いに対し、「日本人は均質性を好むから、異質な分子を集団から排除するのだ」といった、よく聞く日本人論的発想があります。学校のいじめも日本に特有なものだといういいかたも、こうしたステレオタイプの変種といえるでしょう。

このようなステレオタイプに対して、「集団の均質性が高く、その集団への所属が強制されていればいるほど、集団内の異質性は集団から排除を受ける」という答えは、日本社会に限らず応用が可能です。そして、イギリスの全寮制の中等学校でも、アメリカの軍隊でも、同じように異質と見なされた個人の排除が行われていることを知れば、ステレオタイプとなっている単純な日本人論的解答に惑わされることがなくなるわけです。

「いじめ」という現象を、概念としてとらえ直し、一般化することで、他のケースにも応用できるようにする。そうすることで個別の問題だけ見ている場合に入り込みやすいステレオタイプ的発想から逃れることができるのです。

このように、概念のレベルに問いを移すことは、一段高いところから問題を見直すということになります。

そうすることで、個別のケースの中でとどまっていては見えない、他のケースとのつながりや、他のケースを入れて考えることで気づかずにいた他の原因にまで目が行くようになるのです。

これまでのポイントをまとめておきましょう。

●ポイント●

1　概念はサーチライトである。新しい概念の発見によって、新しい問題が見えてくる。

2　ケースのレベルと概念のレベルの使い分けによって、問いを展開する。これは、問題の一般化と具体化ということに対応する。

3　二つ以上のケースを比較することで、両者に共通する特徴を概念としてつかみ出し、概念のレベルで原因と結果の関係を表現し直してみる。

4　概念レベルで考えた原因と結果の関係を他のケースにあてはめてみる。

■「何のケースか」を考える──抽象的思考のすすめ■

3章の本文の中では、「ケース」という言葉がたびたび登場しました。個別の具体的な問題や出来事を、この章では「ケース」と読んだわけです。何気ない日常語ですが、「ケース」という視点を持って、ものごとを見るというのは、実は個別のケースをより一般化・抽象化した概念レベルの考え方を暗黙のうちに含んでいます。

たとえば、本文のいじめの問題でいえば、二四七ページの〈ケースー〉というのは、いったい何の「ケース」なのか、という問いを立ててみます。もちろん、いちばん大きくとらえれば、この場合、「いじめ」という一般化された現象の一ケースということになります。

しかし、もう少し抽象度を下げて、「これは何のケースか」という問いに答えることもできます。たとえば、「特定の子どものきつい性格に由来するケース」だという答えもできるでしょうし、「クラス替えが起きたときに生じるケース」といった答えもできるでしょう。それぞれの場合、別の方向で、一般化、抽象化を行って、「○○のケースである」と答えているわけです（前者の場合であれば、いじめの原因を個人に求める方向での一般化であり、後者であれば、クラスなどの集団の編成替えの時期といった時間の流れに注目した一般化といえるかもしれません）。

具体的な問題や現象を相手にしているときに、「いったいこれは何のケースか」、自分はそれを「何のケースとして扱おうとしているのか」といった視点を持つことで、その問題や現象に対し、暗黙のうちに設定している、自分なりの一般化・抽象化の方向性を自覚することができます。

あるいはそれとは逆に、自覚的にある抽象化の方向性を決めている場合であれば、個別・具体的な問題や現象を、それでは何のケースと見なそうとするのかについて考えることによって、抽象度を変えたり、はたして本

当に自覚して立てた抽象化の方向に見合っているのかをチェックすること
もできるでしょう。

「これは何のケースか」。たったこれだけの疑問文で、具体的な現象をどうやって抽象化するのかについて考えることができるのです。

第4章　複眼思考を身につける

前の章では、問いの展開のしかたについて説明しました。問いを立ててものごとを考えていく。思考の展開は、問いの展開を通じて可能になるコツをつかめたでしょうか。

さて、この章では、いよいよ「知的複眼思考法」を身につけるための具体的な方法の説明に入ります。私は、複眼的にものごとをとらえるとは、問いの展開のしかたに工夫を凝らすことだと考えています。第3章でやったように問いをストレートに展開していくだけではなく、問いを少しずつずらしながら展開していく。そうした工夫が、複眼思考へと導くものなのです。

ここでは、(1)ものごとの多面性をとらえるための「関係論的なものの見かた」、(2)意外性を見つけるための「逆説《パラドクス》の発見」、(3)ものごとの前提を疑うための「メタを問うものの見かた」について、どうすればそういう見かたを身につけることができるのかを説明していくことにしましょう。

1　関係論的なものの見かた

ステップ1　ものごとの二面性（多面性）に注目する

さて、前の章で「問いの立てかたと展開のしかた」を説明するとき、対象となることがらの「主語」をいくつかのグループに分解していく方法を説明しました。この方法を少し発展させて応用すると、これから説明する「関係論的なものの見かた」に到達できます。

この本を通じて私が提唱してきた「複眼的思考法」とは、ものごとを一面的にとらえるのではなく、その複雑さを複数の視点から把握することを主眼にしています。そして、そうした視点に立って、「常識的」なものの見かたにとどまらない、いい換えれば、思考停止に陥らないで、考えることの継続・連鎖を生み出すような、思考の運動を呼び起こそうというのです。

したがって、その第一歩は、ものごとをいかに多面的にとらえるのかを習得することになります。そのための方法として、ものごとの二面性・多面性をとらえ、そこから要因を分解していくやりかたを紹介しましょう。

私たちが考える対象としていることがらには、ひとつのことのように見えて、実際には二つ、あるいはそれ以上の要素が絡み合ってできているものが少なくありません。たとえば、前の章で例にした「大学生の就職難」という問題は、求人が少なくなるという要素と、求職者が多くなるという要素の合成によって生まれています。経済学の用語を使えば、労働市場における需要側と供給側の二つが関係しあって生じた問題ということになります。

「なあんだ、そんなことは当たりまえではないか。経済学の初歩だよ」と思う人も多いでしょう。たしかに、その通りです。「知識」として、私たちはそのようなことをよく知っています。しかし、問題は、そうした知識をどのように「考えること」につなげていくか、「考える方法」に生かしていくか、ということにあります。したがって、ここでは、あえてこうした一見「常識的」な例を用いることによって、ものごとを複眼的にとらえ、考えていく方法の身につけかたを説明していくことにしましょう。

さて、第3章の説明では、主に求職者の側を「主語」と見立てて、それをいくつかのグループに分けることによって、問いの展開を試みました。しかし、この「就職難」という問題は、今述べましたように、求人側と求職側の相互の問題でもあるわけです。たとえ、不況でなくても、求人の規模に比べて求職者の数が過剰になれば、やはり就職難は起きます。実際に調べてみると、この数年の大学生の就職難の大きな原因のひとつは、大学卒業者数がこれまでの大卒求人数以上に大幅に増大したという背景があるのです。

とくに女子の場合には、四年制大学への進学率が上昇したことから、従来以上に多数の学卒者が労働市場に参入するようになりました。たとえば一九九〇年と二〇〇〇年とを比べると、四年制大学を卒業する女子の数は、実数にして約一〇万人増え、およそ一・九倍になりました。一方、二〇〇〇年春に卒業した大卒者のうち女子では約四万七〇〇〇人が就職できず、フルタイム以外の仕事についている人が一万一〇〇〇人もいます。女子学生だけ見ても一〇年前より卒業生の数が一〇万人も増えているのです。たしかに大卒の就職難問題には、不況の影響が色濃く反映しています。しかし、それに加えて卒業者の数のうえでの大きな変化が、重要な背景としてあったのです。

ところが、女子大生の就職難が議論されるときには、こうした基本的な事実が見落とされることが少なくありません。「女子大生の就職難」といえば「女性差別」（もちろん、それがなくなったわけではありませんが）というように、ことがらのひとつの面だけを見ていると、問題を構成するもうひとつの側面の基本的な事実にも目が向けられなくなることがあるのです。

このようにものごとを、二つ（あるいはそれ以上）の要素が相互に関連しあっている関係の束と見なすことによって、私たちは、複眼的にものごとを見ていくための視点を得ます。たとえていえば、数学で習ったベクトルのようなものです。目の前にあるひとつの現象は、実際には複数の力（ベクトル）の集まり（合成）によって、ひとつの姿として現れている。そう考えることで、もともとの複数の要素がどのようなものであり、それらがどのように関連しあっているのかに、目を向けることができるようになるのです。

さらに例をあげて説明しましょう。ここでは、「過労死」の問題を考えてみます。

過労死という現象それ自体は、過重労働を原因とするひとりの人間（勤労者）の死亡という事実を通して、「問題」として私たちの前に現れます。なるほど、死にいたった当事者や家族にとっては深刻な問題です。その死は動かしがたい事実であります。しかし、過労死は、ひとりの人間の死という実体を越えて、「働かせる側の問題と働く側の問題の複合によって作られた問題である」、という問題自体のとらえ直しを通じて登場した告発的な概念です。

このように「過労死」をいったん、働かせる側と働く側の二つの要因に分解し、両者がどのように重なりあったとき（複合したとき）に、過労死という実体として私たちの前に厳然と姿を現すのかを考えてみる。ひとりの個人を死にいたるまで働かせた職場には、どのような問題があるのか。そのような職場環境を生み出す原因は何か。そして、そうした職場にあって、なぜ人は健康を害してまで働いてしまうのか。働き過ぎによる「死」を単なる勤労者の「病死」とは見ずに、このような複数の原因・問題の複合と見る視線——そこから複眼的思考は始まります。

「過労死」という概念自体が、こうした複眼的思考をもたらすために不可欠の視点を提供しています。いい換えれば、複眼的思考の結果として、この概念が生まれたといってもよいのです。

この概念が登場する以前には、働き過ぎによる病死という事件は、もっぱら働く側の問題——それも「健康問題」として認識され、処理される場合がほとんどでした。働かせる側と働く側との複合によって生じる問題とは、見なされてこなかったのです。働く中で死にいたった事件を、ひとりの人間の「病死」としてだけ見るのではない。過剰な労働やストレスを生み出す職場と、その中でどうしても健康を害してまで働いてしまう勤労者との複合体として、その

「死」をとらえる概念――「過労死」の登場によって、個人の問題が社会の問題へと広がりをもって認識されるようになっていきました。

このように、目の前にある問題を、複数の要因の複合体と見ることによって、私たちはものごとを複数の視点から問題にすることが可能になるのです。

さて、ここにあげた例は、一見当たりまえのように見えるかもしれません。「そんなことわかっている」と思う読者も多いでしょう。それでも、実際に自分の抱えている問題を考えているときには、そのことひとつに目が行ってしまい、対象としていることがらが二つ（以上）の要素の相互の関係によってできあがっていることを忘れがちになるものです。女子大生の就職難といえば女性差別の表れとしてだけ見たりするのは、それぞれの現象の背後に、複雑な要因の関係があることを見過ごしていることになるのです。

そうしたときに、いったん立ち止まって、もう一度、ひとつの問いを二つに分けてみるということをしてみてください。ポイントは、ものごとを構成している二つ（以上）の要素に目を向けることです。二つの側面を持つ現象であれば、それぞれを問題にする視点を得ることによって、ひとつの対象だけを見ていたときとは違う新しい問いを発見できるはずです。このように、複眼思考法の出発点は、どのようなことがらも、複数の要素間の関係によって、目の前のひとつの現象として現れている、という見かたをとることにあるのです。具体的な手続きについて、まとめておきましょう。

●ポイント●

1 目の前の問題（事象）は、どのような要因（要素）の複合かを考える（＝分解）。

2 それぞれの要因の間にはどのような関係があるのかを考える（＝相互作用の抽出）。

3 そうした要因の複合の中で、問題としていることがらがどのような位置を占めているのかを考える（＝全体の文脈への位置づけ）。

ステップ2　関係の中でものをとらえる

実は、このようなものごとの多面性に注目する問題のとらえ方は、近年の社会科学でいわれるようになった「関係論的」なものの見かたに非常に近いものです。関係論というのは、従来の実体論に対して登場してきた新しい見かたです。

その古典的な展開は、有名なマルクスの「貨幣論」にまでさかのぼることができます。貨幣＝お金というものを私たちは通常、それ自体価値を持つものと考えやすい。とくに、金貨のように貴重な金属が使われていた時代には、金属そのものの価値が、貨幣の価値を決めているという見かたがとられていました。実体論というのは、この金貨の価値を考える場合のように、ものごとの中に、ある性格を持たせる実体があると考える思考法です。

ところが、紙幣のようにそのもの自体にはほとんど価値のない貨幣が登場すると、紙幣のどこを探しても、価値の実体は見えてきません。つまり、価値はあくまでも人々の交換「関係」の中に現れるのであって、貨幣はそれを目に見えるかたちにしているだけなのです。

すでにクレジットカードやキャッシュカードの使用に慣れている現代の私たちにとって、ここでいわれる価値が、経済的な関係の中で生まれていることは容易に理解できます。誰も、預金通帳に記される、コンピュータ管理による「数字」自体に、経済的な価値があるとは思わないでしょう。クレジットカードのあのプラスチックの「モノ自体」に購買力があると考える人がいないのも同様です。すでに、貴金属を貨幣に使うことから隔たった経済生活をしている現代人にとっては、貨幣というものが抽象的な価値のシンボルに過ぎず、その価値を支えている経済のしくみ――つまりは人と人との交換関係が価値を生む当のものであることは、簡単に想像がつくことです。

しかし、このような「知識」を持っているだけでは、まだ「複眼思考」にはつながりません。こうした関係論的な視点を、考えることに応用できるようになってはじめて、私たちはその知識を生かすことができるのです。

それでは関係論的な複眼思考がどのようなものになるか。もう少し身近でわかりやすい例をあげて考えていきましょう。ここであげる例は、「やる気」です。貨幣のような社会や経済に関係するものだけではなく、人々の特性と見なされているものも、実体化してとらえられることがしばしばあります。以下では「やる気」を例に、実体論的なものの見かたと、それを関係論的に見直すことでは、どのように違ってくるのかを考えてみましょう。

さて、私たちはよく、「あの人（アイツ、あの子）にはやる気がない」といったいいかたをします。会社での上司と部下の関係であれ、家庭での親と子の関係であれ、学校での教師と生徒との関係であれ、「やる気がない」ことが問題にされることは少なくありません。それでは「やる気」は人のどこにあるのでしょうか。あなた自身、何かにやる気を感じているとき、その「やる気」はどこにあるのだと思いますか。

「やる気があるのか、ないのか」という表現に端的に示されているように、「やる気」というのは、まるで個人の持ち物のように考えられがちです。「やる気」が問題にされる場合、私たちは、「やる気」を示す何らかの心理的な特性が、モノのように、個人に備わっているかどうかという見かたをしています。「ファイト」にしても「熱意」にしても、「興味・関心」にしても同じです。このような個人の心理的特性として「やる気」が問題にされる場合、「やる気」はあたかも実体を伴ったものであるかのように、実体論的に見なされているのです。

こうした実体論からは、「やる気」のないのは、その個人の欠陥であるといった結論が簡単に引き出されることもあるでしょう。「アイツはやる気のないやつだから、しかたがない……」といった評価をして、対象となっている個人を切り捨てたりすることもあるのです。やる気の有無は、いわば、個人の責任に結びつけて論じられるわけです。

それでは「やる気」を関係論的にとらえ直してみると、どうなるでしょうか。こうした結論を単純に受け入れられるでしょうか。

ここで「やる気」を関係論的にとらえ直すためのポイントは、「やる気」を人と人との関係のありかた、人と対象との関係の持ちかたを示すことがらであると考えるところから出発します。そう考えると、ある人がやる気を出すかどうかは、対象となっていることがらや相手となっている人物との関係によって違ってくることに気づくでしょう。

たとえば、こんな例を思い出したりしませんか。学校での勉強には「やる気」を見せない子どもが、テレビゲームの前では、がぜんやる気を出して取り組んでいる。ある上司のもとでは有能とは見なされなかった社員が、上司と業務が替わった途端に、猛烈にやる気を出して働いた、などなど。このように見ていくと、やる気の有無というかたちで見えたことがらは、実際には個人の内部に完結して存在するような特性ではなく、周りの環境とのやり取り（すなわち、関係）のありかたを、外側から見て「やる気の有無」というように見ていたことがわかるでしょう。

このような関係論的な見かたに立てば、やる気の有無という問題は、個人の特性の問題というよりも、人と人の関係や、人と対象との関係のありかたの問題として考えることができます。人それぞれ、たしかに何らかの性格の違いはあります。相手が誰であれ、どんな対象に対してでも、すぐに「やる気」を出しているように見える、そういう関係を築ける人と、なかなかそうした関係を作れない人がいます。ですから、やる気も熱意も、まったく個々の個人の問題と無関係だとはいえません。それでも、それを個人の内部に完結した特徴としてみて、変えることのできない性格と見なしてしまうのは、やる気を動かしがたい「実体」と見なしていることに他なりません。実体論としてだけ見るか、あるいは関係論的な視点を取り入れるかで、相手との関係のありかた、対象となる活動の与えかたもずいぶんと違ってくるのです。

ステップ3　偏差値教育批判を関係論的に見直す

もう少し広がりを持った社会的な例も示しておきましょう。関係論的なものの見かたを社会問題に応用すると、実体論とは違う視点が得られることを示したいと思います。ここで取り上げるのは、「偏差値」です。

そもそも偏差値は、先ほどの貨幣と同じように、実際には人々の関係の中から生まれてくるシンボルです。生徒集団を対象に、何らかのテストを行う。その点数をもとに、平均点を出します。さらに、平均点から、各自の点数がどれだけ隔たっているのかを統計量として示しているのが偏差値に他なりません。つまり、偏差値はあくまでも対象となった生徒集団の中で意味を持つ数字であり、しかも集団の中での個人の「相対的な位置」を示すためのものです。いい換えれば、他の生徒との関係の中で示される個人の試験の成績ということです。

偏差値はそれまでの生徒の素点や席次（順位）といった方法に比べて、生徒がある集団の中でどのような位置を占めるのかを示すうえで、大変有効な方法でした。その結果、偏差値を使うことで進路指導のやりかたが一変しました。進路指導を担当する教師の経験やカンに頼っていた時代から、合格の可能性を数字で示すことができるようになったからです。その結果、偏差値をもとに、どのくらいの偏差値であれば、どの高校に進学できそうなのかが予測できるようになっていきました。

実際に決めているのは、もちろん教師と生徒、それに親たちです。偏差値は、その場合の有力な参考資料に過ぎません。ところが、「不合格者をひとりでも出さないように」という進路指導の方針や、それを求める親と生徒の切なる願いから、偏差値に頼り過ぎるようになったために、まるで偏差値が進路を決めているかのように見えてしまうことになったのです。その結果、偏差値が広く使われるようになると、偏差値がまるで実体として、生徒たちを拘束してしまうかのような見かたまで登場してきました。「偏差値教育」ということばが日本の教育を特徴づけているといわれるほど、偏差値の実体視が始まったのです。

それでは、偏差値を実体として見てしまうと、どういうことが起きるのでしょうか。実体論と関係論の違いを示すために、この問題を考えてみましょう。

偏差値を動かしがたい実体として扱うことで生じる問題は、「偏差値教育批判」の中でしばしば指摘されます。ひとつの典型を、「数字で選別　学校は窒息した」という見出しのもとで偏差値教育を批判した、新聞記事から取り出すことができます（『朝日新聞』一九九五年七月一五日付朝刊より）。そこでは、次のような論理が展開されています。

「コンピューターが偏差値を弾き出し始め、その『正確、公平』の衣装の下に、生徒の進学校決定の絶対的な基準になった」「先生という権力者が、偏差値で生徒を切り始めた」「五教科以外の、音楽や美術やスポーツこそ得意な生徒や丸暗記が不得意な生徒は、劣等生の烙印《らくいん》を押された。不本意に進学した高校で、目的もなく、無為に過ごし、中途退学する者が目立った」

そして、ある教育学者の次のことばを引用しています。

「偏差値ではかる能力は、記憶力、頭の回転の速さ、がまん強さの三つ。この競争で学校での人間の価値は画一化され、多様な能力を評価できなくなった」

偏差値が「進路決定の絶対的な基準」となり、生徒を切る基準となったのも、偏差値を動かしがたい実体と見なしているからに他なりません。統計的な意味からいっても本来は相対的な基準に過ぎない偏差値は、それをどう使うかによって、意味も役割も違ってくるはずです。ところが、進路指導の中で使われるようになった偏差値は、まるで生徒の学力だけではなく、一生を決めてしまう絶大な力を持った数字であるかのように見なされるようになっていったのです。

このように偏差値を実体としてとらえるからこそ、「五教科以外の、音楽や美術やスポーツこそ得意な生徒や丸暗記が不得意な生徒は、劣等生の烙印を押された」り、「不本意に進学した高校で、目的もなく、無為に過ごし、中途退学する者が目立つ」ようになるといった、偏差値を教育問題の原因（元凶）として非難する見かたが幅を利かせるようになったのです。

しかも、このような偏差値＝実体論の見かたでは、そもそも偏差値というものが一種の統計量に過ぎなかったことさえ忘れがちになります。たとえば、身長だって体重だって偏差値で表示することは可能です。あるいは、暗記力ではなく、考える力をためす試験を行った場合ですら、その得点を偏差値で表すことはできるのです。

しかし、従来からあった知識中心のテストに偏差値が使われるようになると、そうした数値としてのもともとの意味から離れて別の意味が付け加えられるようになりました。その結果、「偏差値ではかる能力は、記憶力、頭の回転の速さ、がまん強さの三つ。この競争で学校での人間の価値は画一化され、多様な能力を評価できなくなった」というコメントのように、試験の内容や評価のしかたではなく、その得点の表示方法のひとつに過ぎない偏差値自体に問題があるかのような見かたも出てくるのです。

このような見かたが極端にまで進むと、「偏差値をなくせば、教育がよくなる」という発想にいたります。「偏差値が教育問題を起こしている」というように、その背後にあるさまざまな関係は切り捨てられ、偏差値自体が問題を引き起こしているかのような問題のとらえかたが出てくるわけです。

貨幣の存在が、人々の金銭欲を生み出し、それが貧富の差を生んだり、経済至上主義の考えを生んでいる――「お金があるから悪いんだ」と貨幣を実体と見なして、社会問題の原因として非難するからといって、貨幣をなくしさえすれば、こうした問題もなくなると考える人はいないでしょう。なぜなら、貨幣はあくまでも人々の経済的な関係の中で価値を持つものであることを、私たちは熟知しているからです。

それに対して偏差値のほうは、それが実体視されることによって、「偏差値さえなくせば……」という逆立ちした発想を現実のものにしてしまいました。一九九五年に起きた公立中学校からの業者テストの排除騒ぎは、まだ私たちの記憶に残っていることでしょう。

偏差値を公立中学校から排除することによって、たしかに中学校における高校への進学指導では偏差値は使われなくなりました。しかし、だからといって、高校入試が学力による競争を排除したことにはなりませんでした。偏差値は今でも塾や予備校などを通じて多くの高校受験生に使われています。また、公立中学でも、生徒の成績が集団の中でどの辺に位置するのかを示すための、偏差値に代わる（それよりもおおざっぱな）指標が使われるようになったといわれます。たとえ、偏差値はなくなっても、偏差値に代わるものが出てくる。ということは、それまで偏差値というシンボルを生み出し、意味を与えていた人々の関係自体は、あまり変わっていないということです。

要は、試験問題の中身であり、入学試験などの選抜のやりかたや、それに向けての進路指導の方法の問題です。変えなければいけないのは、生徒を取り巻くそのような関係のほうです。にもかかわらず、実体論的な視点に立つ偏差値批判は、偏差値を必要とし、それに意味を与えている学校と子どもと社会を取り巻くさまざまな関係のありかたを問題視するにはいたりませんでした。

さらには、このように偏差値を実体として問題と見なす見かたが広まることで、偏差値算出のもとになっている試験問題の出題の工夫(どうやったら暗記以外の能力、考える力をはかれるか)や、採点の方法(一点きざみでやるのか、もっとおおざっぱにやって運の要素を試験に持ち込むのか)など、やりかたしだいでは実質的に入学試験の影響力を変えられることがらについての議論はほとんど行わずにきました。もっと真剣にすぐれた試験問題の開発をすれば、受験勉強の意味も変わるかもしれないのに、そこには目を向けずに、「偏差値さえなくせば」という逆立ちした発想がまかり通るようになってしまったのです。関係の中から生まれたシンボルを実体視することによって、偏差値を追放したつもりが、かえって偏差値に振り回されるという事態を生んだのです。

私たちはよく「数字がひとり歩きする」といいます。偏差値に振り回される事態というのは、まさに偏差値という数字が「ひとり歩き」を始めたことに他なりません。

貨幣や偏差値以外にも、実体化し、ひとり歩きを始めるモノがあります。たとえば「権力」です。権力者というい方や、「あの人には絶大な権力が備わっている」といったいいかたには、貨幣や偏差値の場合と同じように、権力を人と人との関係から切り離して、まるで個人に属するモノのように扱う様子が表れています。しかし、権力は当然ながら関係のありかたを通じて見えてくる実体に過ぎません。ある人の命令に別の人が服従する。こうした人と人との関係を外側から見ているとき、命令を下している側に「権力がある」と見えてくるのです。もし、命令に従わなくなれば、権力も消滅します。

たとえば、テレビでおなじみの「水戸黄門」の印籠《いんろう》は、そうした権力の象徴といえるでしょう。番組の終わり近くになって、助さん・格さんが「ひかえおろーう」と叫び、「この方をどなたと心得る。先の中納言副将軍、水戸光圀《みつくに》公であらせられるぞ」といいます。すると、それまで御老公一行を切り捨てようとしていた悪代官たちは、「はは〜あ」といっせいに、その権威にひれ伏してしまいます。しかし、もしも悪人たちが、どうせそこまで悪事をはたらいたのだからと、開き直ってなお戦いを続けたら、あの印籠の威力はなくなってしまうでしょう。つまり、副将軍の権力は、印籠の中に実体として込められているのではなく、それに従う人々が存在して初めて権力として外に見えるのです。

もちろん、現実の社会では、もっと入り組んだ人間関係の中で、一時でも命令に逆らえば、それが仕打ちとなって返ってくるという恐れを人々が抱いています。ですから、権力もそう簡単には馬脚を現しません。しかし、権力もまた、人と人との関係のありかたのパターンであり、それを実体論的に見るかぎりにおいて、まるで個人や地位に属するモノのように、外には見えるのです。

あるいは、製品開発の場合にいわれる製品の魅力というのも、実体化したとらえかたのひとつでしょう。ある製品に備わっている人を引きつける力を、そのモノの「魅力」といいます。しかし、実際には、その製品の魅力とはそれを手に取る顧客と製品との間の関係の中で決まるものです。機能的だとか、センスがいいとかいった価値は、実際には顧客がその製品に与えているのです。つまり、顧客とそのモノとの関係の中で決まっているのです。それを、製品の側から見た場合に、「この製品には魅力がある」といった実体的ないいかたを私たちはしているのです。

たとえば、かつてのポケベルの「魅力」について考えてみると、こうした実体論的なとらえかたの限界がわかります。ビジネスマンを念頭に置いてこの製品を開発した人々にとって、ポケベルの数字表示機能は、受け手にどの番号に電話を返したらよいのかを知らせるためのものでした。ところが、この番号表示という機能は、それとはまったく別の意味を与えられて、この商品の「魅力」となっていきました。女子高生たちが、「０８４０（オハヨオ）」のように、開発者の意図とは全然違う機能をその商品に与えたからです。つまり、女子高生にとってポケベルの魅力は、開発者がそれに込めた（ビジネスマン向けの）魅力とは違っていたのです。この例は、「製品の魅力」が、製品の属性ではなく、顧客との関係の中で関係論的に決まっていることの好例です。

ステップ4　「ひとり歩き」を止めて考える

それでは、関係論的な見かたに立てば、どうなるのか。「ひとり歩き」ということでいえば、その歩みを止めて考えてみるということが、課題となります。

先ほどの偏差値の例で見たように、数字がどのような意味を帯びるのかは、社会関係の中で決まります。しかし、実体論的な見かたに立ってしまうと、意味を与えた当の関係のありかたは忘れられ、あたかもその数字自体が、それだけで意味を持ちうるかのように、実体化されてしまう。したがって、数字のひとり歩きを止めるということは、数字に意味を与えている関係に目を向け、そこから数字の意味をとらえ直すということになります。

実際に、「数字のひとり歩き」の例は、枚挙にいとまがありません。一九九六年の「住専問題」で議論された、税金からの六八五〇億円の支出なども、いったん閣議で決まった後は、その積算根拠が明確に示されず、議論の対象にされないまま、法案を通すかどうかというレベルでの政争に転化してしまいました。この六八五〇億円という数字には、たんに経済的な損失の客観的な合計としての意味以上のさまざまな政治的な思惑が入り込んでいると指摘されました。

「政治的な思惑」とは、まさしく、この数字に意味を与えているいろいろな社会的な関係の総称に他なりません。そのようなものが何であったのか。その後、一九九九年には、大手都市銀行の不良債権処理に七兆五〇〇〇億円もの公的資金がつぎ込まれた事実から見れば、この住専問題のときの「小さな」数字が、いかにひとり歩きしていたかがわかります。

数字の根拠がどのように決められたのか、そこから目をそらさないことが、数字の一人歩きを止める方法になります。六八五〇億円であれ、七兆五〇〇〇億円であれ、そういう数字に結晶化するにいたるまでに、何があったのか。そこには政治的な駆け引きだけにとどまらず、金融業界や官僚を巻き込んだ、業界間や省庁間の勢力関係が埋め込まれているはずです。そうであれば、そうした関係に目を向けることが、数字のひとり歩きを許さないことになるのです。

ひとり歩きするのは、数字だけではありません。さまざまなシンボルや概念、それにルールなども一人歩きをします。ある人や組織に貼られたレッテルやイメージ、それにさまざまな規則やルールです。とくに規則やルールといったものは、一度できてしまうと、ひとり歩きしやすいものです。ある目的があってルールを作ったのに、次第にそれを守ること自体が大切にされるようになる。つまり、ルールを守ることが先決になるのです。こうなってしまうと、「それはルールだからしかたがない……」といって思考を停止させてしまう場合が出てきます。

たとえば、だいぶ前の話になりますが、大相撲の貴ノ花が横綱への昇進が見込まれながら、横綱審議会の審議の結果、昇進が見送りになるという事件があったのを覚えているでしょうか。あのとき、次のような新聞の記事がありました。

「貴ノ花昇進見送り　内規の独り歩きは疑問」

……世論の防波堤として横審が設けられたのは四十四年前。少しおくれて品格と力量を柱に内規が作られたが、その時、力量の尺度として「大関二場所連続優勝またはこれに準ずる好成績」が書かれた。考案者は時の知恵者、秀ノ山親方（元笠置山）。実に明解だが「あくまでも目安で拘束するものではない」とご本人から聞いたことがある。この物差しに将来性など多角度から審議をというものだった。しかし、その後、この項目が独り歩きし、この成績をあげると自動的に横綱といわれ、逆に今回のように資格なしとなる。（波多野亮、『朝日新聞』一九九四年九月三〇日付朝刊より）

あくまでも目安として作った規則でも、そのときの事情を知る人が少なくなれば、それ自体、厳密な基準になってしまう例です。組織の中では、「前例」が幅を利かせることが少なくありません。前例があるのかないのか。ある場合には、そのときの問題の取り扱いに準じて、今度も処理をする。しかし、その前例が処理の対象となったときの細かな事情や、そこでの取り決めを行った際の文脈は、当然ながら、似たような問題が起きたときと同じであるとは限りません。ところが、「前例」を実体化してしまうと、こうした文脈の変化を考慮に入れずに、その前例がひとり歩きしてしまうのです。

ですから、関係論的な立場からものごとを複眼的にとらえるためには、シンボルや概念やルールのひとり歩きを止めて、考えてみることが課題になります。そうすることで、実体化した見かたが陥りやすい、一面的なものごとのとらえかたを反省し、そのもとにある関係にまで目を向けることで、複数の視点から、ものごとを考えるきっかけを得ることができるようになるのです。つまり、ひとり歩きしているシンボルやルールが、いかに実体化されるにいたったのかを、ひとり歩きし始めたときの事情に立ち返って考えてみることが、ひとり歩きを止めさせる発想につながるのです。

ステップ5　関係論的見かたを導く手がかり

それでは、実際にはどのように考えていけば、ひとり歩きし、実体化したことがらを複眼的にとらえ直すことができるのでしょうか。実体論に代わる、関係論的な見かたをするための具体的なポイントは次の二つです。

1.「○○化」（○○になる、なっていくというプロセス）として問題をとらえる。↓○○を主語として語らない。

2.プロセスを見るために、関係を見る。↓○○を述語として語る。その場合、関係の変化にも目を向ける。↓そもそもの出発点にもどってから現状を見直す。

まず第一に、対象となっていることがらを、それ自体として見るのではなく、○○化（英語でいえば、○○-zation）として、いい換えれば、「○○という状態にいたるプロセス」として見直すということです。必ずしもいつも「化」ということばをつける必要はありません。ただ、気持ちとしては、○○になるプロセスというつもりで、「偏差値教育」の問題であれば「偏差値教育化」、ある規則であれば「規則化」、基地問題であれば「基地化」、差額ベッドの問題であれば「差額化」、やる気の問題であれば「無気力化」、環境汚染であれば「汚染する・される」などのように、ある状態をそのまま問題とするのではなく、そこにいたるプロセスやしくみに目を向けるのです。これはこの章の最初に述べた、「ベクトルの複合体」としてものごとを見ることと同じです。

偏差値の例でいえば、何が、どのようにして、偏差値教育として表現されるにいたるのか、その結果、どのような意味を与えられることになったのかを、偏差値教育化というプロセスとして見ることになります。

このように「○○化」として問題をとらえ直そうというのは、実体化されている事態をなるべく主語にしないで考えようということでもあります。主語にするとは、それ自体が何らかの主体として問題を引き起こしているという見かたにつながりやすいからです。たとえば、「偏差値が教育をゆがめている」とか「偏差値教育がいじめの原因だ」といった表現に出会ったら、要注意です。同じように「ＩＴが時代を変える」とか、「インターネットが企業経営を一変させる」などの表現に出会った場合も、「ＩＴ」や「インターネット」は実体論的にとらえられている可能性があります。

こうした実体化してとらえられたマジックワード（魔法のことば）を使うと、何となくわかった気にさせられてしまいます。こういうときこそ、これらのことばをいったん主語の座からおろしてしまう。そして、実体化していることで何が見えなくなっているのかを考えるのです。

インターネットの例でいえば、「インターネット化」や「ＩＴ化」といえましょう。インターネット化とは、世界中のコンピュータがネットワークとしてつながること（このこと自体はハード面でのインフラストラクチャーの整備に過ぎません）によって、個人間、組織間に新しい関係が生じつつあるというプロセスと見なすことができるでしょう。そのようにとらえ直せば、コンピュータの背後にある組織や個人や情報の関係に目を向ける必要が出てきます。「世界中のコンピュータがネットワークとしてつながっている状態」あるいは「あらゆる情報がデジタル化されて流通し、結合する状態」（あえて「インターネット」や「ＩＴ」といわずに表現しました。これは第3章のコラムで紹介した「禁止語のすすめ」の適用例でもあります）を使って、どのような新しい関係を作り出していけるのか。そうした新しい関係の中で、企業やＮＰＯといった組織や個人がどのような活動を行っていけばよいのか。こういう発想と、「インターネット」や「ＩＴ」を主語にして、あたかもそれ自体を動かしがたい実体のように見なし、その影響を受ける立場に自分の身を置いて考えるのとでは、見えてくることがまったく違うはずです。

次に、こうしたプロセスを見ることによって、そこにどのような要素が関係しているのかを問題にします。プロセスを関係のレベルにつなげて考えるのです。これは、「〇〇化」の主語は何かを考えることでもあります。たとえば、偏差値の例では、「先生という権力者が、偏差値で生徒を切り始めた」といった見かたのように、偏差値に特定の意味（＝生徒を輪切りにする道具としての意味）を持たせているのは、どのような生徒間、および教師＝生徒間の関係なのか。さらには、そうした教師＝生徒関係を包み込んでいる、入学試験などの選抜制度（これも社会関係によって成り立っている）と、どのような関係を持つのか、といったことに目を向けるのです。

たとえば、中学校での進路指導場面で、ひとりでも不合格者を出さないことを要請された教師と、確実な合格を願う生徒とその親とが、偏差値に特別な意味を与え、偏差値教育化をもたらした、というようにとらえ直すことです。もちろん、この場合にも、これらの教師と親たちが登場する舞台のひとつとして、一度不合格になればセカンドチャンスが極端になくなってしまう高校入試制度の特徴ということも、偏差値教育化にいたる重要な要因のひとつといえるでしょう。教師、生徒、親、高校、さらには偏差値を算出できるテストを商品にした受験産業も、偏差値教育化の主語になりうる存在です。これらの主語が、どのように関係しあって偏差値教育化をもたらしたのか。そこをしっかり見ていれば、偏差値教育を実体化して、偏差値さえなくせば教育も変わるといった単純な発想は出てこないはずです。

いずれにしても、実体化されていることがらが、どのようにして、そうした事態となったのかに目を向ける工夫として、〇〇化というとらえかたや、〇〇化を促した主語(=原因)探しがあるのです。そして、いったん関係のレベルにまで分解して問題をとらえ直すことで、実体化の危険はかなり避けることができるようになるはずです。

さらに、ここで大切なのは、そうした関係自体を固定しないということです。つまり、そうした関係自体も変化しているものとして見るのです。偏差値の場合も、それが大きな社会問題として扱われ始めた一九七〇年代の高校入試の状況と現代とでは、学力試験を取り巻く教育環境自体が大きく変わっていることに留意する必要があります。一五歳人口もずいぶん減少しました。公立と私立の関係も変わりました。学歴の価値もかつてほど絶大な信頼を置かれなくなっています。「特色ある高校」も増えつつあります。このような生徒と学校を取り巻く環境の変化の中で、偏差値による「学力評価」の意味が変化しつつあることも、押さえておく必要があるのです。

「やる気」の例でいえば、無条件に「モーレツ」であることがビジネスマンの美徳とされた時代と、「会社人間」が批判され、個人の生活の豊かさを求めることに価値が置かれ始めた九〇年代、さらには雇用の不安定化と流動化が進む現代とでは、企業社会における「やる気」自体への意味づけが変わってきています。このように、あるものごとを作り出し、意味を与えている関係をとらえるだけではなく、そうした関係自体がどのように変わってきているのかを問題にすることによって、私たちは実体化するものの見かたが、どれだけ事態を固定してしまうのかを考えることができるようになります。

2 逆説《パラドクス》の発見

ステップ1 「行為の意図せざる結果」へのまなざし

大学時代に社会学の授業を取ったことのある人なら、きっとマックス・ウェーバーの『プロテスタンティズムの倫理と資本主義の精神』(原著一九二〇年刊)について、一度は話を聞いたことがあると思います。西欧資本主義の誕生をカルヴィニズムという新教の「禁欲」という教義から説明したことで知られる社会学の古典です。このウェーバーの研究が古典といわれるのは、当時の学者をはじめ、一般の人々にとっても、まさに脱常識の発想をしていたからでした。

資本主義といえば、お金儲け。おいしいものが食べたい。きれいな服を着たい。立派な家に住みたい、などなど。ぜいたくをしたいという気持ちが、人々をお金儲けに駆り立て、資本主義という経済のしくみを作り出したのではないか。今の私たちも、ぜいたく↓金儲け↓資本主義という筋で、資本主義の誕生を考えてしまうかもしれません。

ウェーバーがこの研究を発表した時代にも、同じような「常識」がありました。しかし、この常識に対しウェーバーは、それとはまったく逆のことを考えました。つまり、ぜいたくをしたいという欲求とは反対に、倹約や節度を求める「禁欲」的な生活態度が、資本主義を生んだのだと。その詳しい説明は、ここでは省略しますが、ごく簡単にウェーバーの主張を要約すれば、次のようにいえるでしょう。

禁欲的な生活を求めるカルヴィニズムの教えに導かれて、勤勉さを旨とする節度ある「合理的な」生活態度が形成された。その結果、やみくもにお金儲けを目指すのではなく、計画的・合理的に会社の経営を行おうとする精神的な基盤が作られた。そうした禁欲的で合理的な勤勉が、近代の資本主義誕生の重要な条件であったというのです。

マックス・ウェーバーの『プロテスタンティズムの倫理と資本主義の精神』が社会学の古典といわれるゆえんは、それが人々の常識をくつがえす、新しい見かたを提供したからでした。そして、彼がとった常識のくつがえしかたとは、一言でいえば、これから説明する複眼思考の第二の方法、すなわち、「逆説《パラドクス》の発見」ということだったのです。

『広辞苑』によれば、「逆説」とは「衆人の予期に反した、一般に真理と認められるものに反する説。また、真理に反対しているようであるが、よく吟味すれば真理である説」という説明が与えられています。先ほどのウェーバーの説も、まさに一般の人々の予想（＝常識）に反する説であるにもかかわらず、その実、常識的な見かた（金儲けをしようという動機が資本主義を生み出した）よりも説得力がある説明となっています。「意外」に見えても、実際には説得力のあるものの見かたを提出できているのです。

私たちにとって、ウェーバーの「逆説《パラドクス》の発見」が参考になるのは、人々の常識をくつがえす、新しい見かたを提供したことだけにかぎりません。複眼思考を身につけるための方法の提示という点でも、ウェーバーの逆説《パラドクス》への着眼には学ぶべきところが多いのです。その方法とは、彼自身のことばを借りれば「行為の意図せざる結果」への着目です。つまり、逆説《パラドクス》を発見するための有効な方法が、この「意図せざる結果」に着目することなのです。

それでは「意図せざる結果」とは何か？

プロテスタントたちは、何も資本主義を作り出そうと思って、禁欲的な生活に入っていったのではありませんでした。むしろ、純粋に宗教的な理由から、倹約や節制に価値を置く禁欲の生活態度を求めたのでした。つまり、プロテスタントの教義自体は、資本主義を生み出そうとしたわけではまったくなかったのです。それどころか、その後の資本主義の発達から見れば、その誕生にかかわったといわれる「禁欲」の教えは、むしろそれに反するようにさえ見えます。

にもかかわらず、その意図を離れて、プロテスタンティズムの禁欲倫理は、資本主義の精神を生み出してしまった。このように、意図に反して、別の結果を生み出してしまうという論理の逆転――この「逆説《パラドクス》」を明らかにしたところに、ウェーバーの研究の古典たるゆえんがあるのです。

そもそもの意図とは離れて、むしろ当初に目指されていたこととは別の結果――ことによると当初の意図に反するような結果――を生み出してしまう。目を凝らして見ていけば、私たちの社会には、こうした逆説的な出来事が少なくありません。逆説に注目することが複眼思考につながるのは、「意外な結果」や「皮肉な結果」にいたるプロセスを明るみに出してくれるからです。したがって、逆説的な出来事として、ものごとをとらえ直す目を持つこと。それが、複眼思考の第二の方法となります。

ステップ2　当初のねらいと実際との比較

それでは、「意図せざる結果」を探し出すためには、どうすればよいのか。

ここで着目するのは、「にもかかわらず」という接続詞です。「初めは、○○

であった。にもかかわらず、△△になった」という事態の反転を見つける方法です。この接続詞を使ってつなげることのできる二つのことがらを探していく。つまり、いろいろなタイプの「にもかかわらず」を見つけることで、逆説的な関係をとらえることができます。

以下では、どのようなタイプの「にもかかわらず」があるのか、それぞれの例をあげて、「にもかかわらず」を発見するための手がかりを示しましょう。

(1) 副産物・副作用への視線

第一のタイプの「にもかかわらず」は、当初の思惑とは別の副産物を生み出すことによって、引き起こされる逆説的な関係の場合です。この例は、すでに説明したウェーバーの『プロテスタンティズムの倫理と資本主義の精神』によって示されています。禁欲を旨としたプロテスタンティズムの教えが、副産物として、合理的な生活態度や組織経営のありかたを生み出し、それが資本主義の誕生を支える精神的な基盤になったという「逆説」です。いわば、計算外の

「思わぬ結果」です。薬のたとえでいえば、病気を治すという主たる目的とは別の、副作用をもたらす場合と考えればよいでしょう。

このような副産物が思わぬ結果を生み出すことは珍しくありません。資本主義の誕生ほど大きなテーマではない、もっと身近な例として、たとえば自治体が採用した半透明のゴミ袋の副産物があります。東京都をはじめ、ゴミ袋を半透明にした結果、カラスが増えたという説です。どの袋に食べ物が入っているのか、外から見てわかるようになり、その判断のできる利口なカラスたちの数が増えていったというのです。おそらくゴミ袋の変更を考えた人たちの頭の中には、カラスのことまで入っていなかったでしょう。ゴミ袋を半透明にすることで捨てる側の意識を変え、ゴミの減量化をはかろうとした。にもかかわらず、その意図とは別の結果として、都会におけるカラスの生態系に変化をもたらした。

当初の意図とは別に、主たる生産物の他に二次的、三次的な副産物を生み出す例は、この他にもたくさん見つかります。ある大がかりな凶悪犯罪が起きた。その取り締まりのために、広域にわたり警察が交通規制や検問をした。その結果、交通違反や交通事故が減ったという場合も、犯人逮捕という主たる生産物の他の思わぬ副産物といえるわけです。

たとえば何年か後に誰かが、交通違反の年次別の推移を調べたとします。そのとき、この年には違反数が激減していたことを発見したとしましょう。その場合、交通違反が減った原因をドライバーが昔よりも安全運転をするようになったからだと解釈してしまうと、思わぬ誤解となります。大事件の副産物として違反が減ったことにまで思いがいたらなければ、事態を誤って解釈してしまうのです。

副産物は、このような好ましい結果だけを生むわけではありません。たとえば、近年の子どもの塾通いの問題なども、少しでも受験に有利になるようにと願う親たちの気持ち（意図）だけに原因を求めることはできません。そこには、学校教育の皮肉な「意図せざる結果」があったと考えることができるのです。

どういうことか。今から三〇年以上前のことですが、公立中学校では放課後や朝の授業前の時間などを使って、高校受験の準備のための補習教育を行っていました。学校によっては親から費用を調達して、教師たちが学校で受験勉強を教えていたのです。しかし、折からの受験教育批判の中で、公立の中学校で受験教育を行うことに社会から批判が向けられました。その批判を受けて、中学校から受験教育を追放しようということで、補習教育が廃止されたのです。

そうした学校側の意図は、皮肉にも塾という学校の外での受験教育の場を拡大していく結果となりました。そうした意味で、今日の塾の繁栄の発端は、中学校から受験のための補習教育を排除した結果の副産物だ、と見ることもできるのです。この場合、学校から受験教育をなくそうと思った。にもかかわらず、受験教育は学校の外側で、よりしぶとく生き続けることになったということがいえるでしょう。

このような「意図せざる結果」に注目することは、目の前のある事態が、実のところ別のことがらの副産物ではないか、と考えてみる発想にもつながります。主たるねらいの結果として別の事態がもたらされたと考えるのではなく、一見それとはまったく関係のないことがらの副産物ではないかと疑ってみるのです。

具体的には、先ほどの塾の繁栄のように、主な原因（少しでも進学に有利になるようにと願う親の気持ち）を探り当てて満足するのではなく、それ以外のことがらにも目を向けて、ものごとの成り立ちや推移を考えていくということです。その場合に、一見関係なさそうなことがらや、正反対の意図を持っていると思われることがらについても、なるべく視野を広げて取り出してみる。逆説的な関係に目を向けるとは、そもそもの意図にかかわりなく、それぞれのことがらの影響関係をとらえていくことによって可能となるのです。

（2）抜け道の誘発——裏をかく人々への視線

ある事態を改善するために取った方策が、かえってその裏をかかれて、より巧妙な抜け道を作ってしまう。その結果、その方策の当初の意図とは別の、場合によってはそれ以前の状態よりも悪い事態を招いてしまうということがあります。このようなケースは、その方策の導入にもかかわらず、「皮肉な結果」が生じてしまうという事態を示しています。

たとえば、私の研究した例では、数年前に廃止された「就職協定」がこのケースに当たります。就職協定というのは、大学生の就職＝採用に当たり企業側と学生とがいつから接触を始めていいか、採用の内定を出すのはいつからかを定めた紳士協定でした。

こうしたルールが作られた背景には、自由に就職＝採用活動が行われてしまうと、いつのまにか特定の大学の出身者だけが優良な企業に就職が決まってしまい、他の大学生が門前払いされることになるという就職差別の問題がありました。そこで、接触の時期や内定の解禁日を決めることによって、こうした不公平が生じないようにと作られたのが「就職協定」の制度でした。つまり、就職＝採用活動のスタートラインを一定にすることで、公平な就職＝採用活動を作り出そうという意図にもとづくルールだったわけです。

にもかかわらず、この制度はより巧妙な抜け道を探し出す企業と学生の前に、その当初の意図とは別の結果を生み出すことになりました。たしかに、人事部をはじめとする企業の公式の採用担当者と学生との接触は、ある程度このルールによって規制することができました。露骨な早期の内定は出なくなったのです。しかし、この規制にも巧妙な抜け道がありました。ＯＢを使ったリクルートのしくみでした。

学生が就職の相談のために大学の先輩と会うことを、はたして禁止できるでしょうか。企業側と学生とのフォーマルな接触とは必ずしもいえないＯＢリクルーターの介在は、就職協定の規制をかいくぐるための抜け道として、とくに大企業と特定の大学との間に広まっていきました。その結果、ＯＢがいない大学の学生は、たとえ同じ時期に就職活動を開始したとしても、会うＯＢがいないために特定の企業への接触を妨げられるという事態が生じるようになりました。

かつて私たちの行った調査によれば、どのランクの大学の学生であるかによって、会えるＯＢの数が異なり、その差が内定をもらえる企業の規模と関係しているという結果が明らかになっています（苅谷編『大学から職業へ』広島大学大学教育研究センター）。こうして就職協定逃れの方便として広まったＯＢを介した就職＝採用のしくみは、かえって、より巧妙な特定の大学と企業との結びつきを生み出してしまいました。つまり、就職協定が当初に掲げていた就職活動の公平さを保証しようという意図とは異なり、それを否定するような「皮肉な結果」をもたらすことになったのです。

そこで今度は、「その就職協定をなくせば、誰でも、どの企業にもアクセスできる。そうすれば公平さを取りもどせる」、そう思って協定を廃止したのですが、それでもやはり、就職格差はなくなりませんでした。そのまた裏をかく、企業と学生の動きを巻き起こしただけだったのです。

もうひとつ、抜け道を探し出す行為の例をあげましょう。これも受験教育の例です。今から二〇〜三〇年前、高校受験が中学校の教育をゆがめていると強い批判が出ました。この問題を解決するために、高校間の格差をなるべく小さくしようということが試みられました。トップレベルの高校から「底辺」まで、鋭い頂点を持ったピラミッドのように格差が大きいために、少しでも上を目指す受験競争が激化するのだ、と考えられたからです。

そこで、東京をはじめいくつかの県で公立高校の格差を小さくするための政策が取られました。いくつかの高校をグループにして、受験者はそれぞれの高校を受けるのではなく、そのグループを受け、合格者もグループとして出すという方法（学校群とか総合選抜制度と呼ばれました）が導入されたのです。

このような制度を作り出すことで、たしかに公立高校間の格差はずいぶんと小さくなりました。東京の公立高校でも、それまでの有名進学校であった日比谷高校などは、すぐに普通の進学校に変わっていきました。そして、意図通りに、公立高校を受ける生徒の間では、受験のプレッシャーもそれ以前に比べ小さくなりました。

しかし、その反面、トップランクの学校に子どもをやることを求めた親たちは、格差の小さくなった公立高校ではなく、私立や国立の高校を目指すようになりました。大学受験に少しでも有利にと考えた結果でした。その結果、私立や国立の進学校を目指す競争が激化する――それも多くの場合、中学受験にまで低年齢化した競争が繰り広げられるという、思わざる結果を生み出したのです。この場合、私立という抜け道があったにもかかわらず、公立の学校だけで問題を解決しようとしたところに、そもそもの意図がくじかれる原因があったのです。二〇〇二年から始まる「ゆとり」教育の徹底にも通じる点です。

今また、都立の進学校を復活させようと、都内のどこからでもどの高校でも受けられる改革が始まっています。はたしてそれが意図した結果をもたらすのか、興味深いところです。

これらの例のように、ある規制やルールが、巧妙にも抜け道を探し出す行為を生み出すことで、そもそもの意図を裏切る結果を生み出している可能性をチェックすることが、ここでの「にもかかわらず」発見の緒となります。ある規制なりルールなりが守られているかどうかを考えるだけでは、まだ一面的なとらえかたにとどまります。一見守られているように見えても、抜け道探しの手立てが残されているかもしれないというところにまで目を向ける。そうしたルールの抜け穴を見つけることで利益を受ける人々がいるかどうか。また、規制の抜け道としてどのような可能性があるのか。制度なりルールなりを問題にする場合に、このような「抜け道探し」にも目を向けることで、逆説的な関係をとらえる複眼思考ができるのです。

（3）小さな出来事の大きな意味

オイルショックのころ、トイレットペーパーの買い付け騒ぎが起きたことを覚えている読者もいるでしょう。石油の値段が跳ね上がって、いろいろな物の値段が急騰したころのことです。「トイレットペーパーが品不足になる」という情報がどこからか出回りました。実際には十分な量が市場に出回っていたのにもかかわらず、多くの人々がトイレットペーパーの買いだめに走りました。その結果、品不足になるという情報は不確実であったにもかかわらず、現実のものとなってしまいました。

この場合、ひとりひとりの買い手にとっては、トイレットペーパーがなくなってはたいへんと、大急ぎで買いだめに走ることは、合理的な行動だったといえるでしょう。しかし、そうしたひとりひとりの行動が集まると、全体としては「品不足」を生じさせ、ひいてはひとりひとりにとっても困った事態が生じてしまうのです。

第三のタイプの「にもかかわらず」は、このようにひとりひとりがある意図を持って行っていることがらが、集団や全体として見ると、それぞれ個人の意図に反するような結果を生み出すという逆説です。「私は〇〇と思ってやったのにもかかわらず、全体としては△△となってしまった」といったケースです。

このような個人と集団との逆説的な関係は、「ゼロサムゲーム」と呼ばれる競争状態の中で生じることがよくあります。ゼロサムゲームとは、ゲームで勝つ人がいれば、必ず負ける人も出るという類のゲームです。

典型的な例は、入学試験のような場合です。合格者の数が決まっていると、そこからもれた人はみな不合格になります。このような場合に、ひとりひとりの受験者にとって、試験で一点でも高い点数を取ることが合格のためには必要です。このような状態の中で、それぞれの受験者がより高い点数をあげるように頑張って受験勉強したらどうなるでしょうか。当然のことながら、合格ラインも上がってしまいます。その結果、さらにもっと勉強して高い点を取らなければ合格できなくなります。

こうして、ひとりひとりの受験者が合格しようと努力する結果、合格までのハードルがより高くなるという、思わぬ結果を生んでしまうのです。ひとりひとりのがんばり→競争の激化→個人のさらなるがんばりの必要→さらなる競争の激化というように、競争状態に拍車がかかって、そこから逃れるのが難しくなっていきます。これはまさに、悪循環といってよいでしょう（これとは逆に、入学がやさしくなれば、どんどん勉強しなくなるという悪循環もありえます）。

せっかく有給休暇があるのに、実際にはなかなか消化できないという場合も、ゼロサムゲームとはいえないものの、このタイプの変種といえるでしょう。ひとりが休めば、同じ職場の他の人に迷惑がかかる。とくに上司が休暇を取っていないのに、部下の自分が取れるかという発想もあるでしょう。ひとりひとりはせっかくの有給休暇だから取りたいと思っているのに、互いに互いの迷惑を気にして、結果的に誰も休暇を消化しきれない。さらには有給休暇を消化しないことが常態となると、ますますもって休暇の消化がしづらくなる。このような悪循環も、個人のレベルと集団のレベルのずれを示しています。

こうした第三のタイプの逆説的な関係をとらえようとする場合、個々の人々の意図や欲求と、そうした人々の集合的な行動がもたらす結果の意味とを区別して見ることがポイントになります。それぞれの個人は何を考えてやっているのか。しかし、そうしたことが他の多くの人々の行動と合わさった場合に、何をもたらし、それは当初の個人にとってどのような意味を持つのか。個々のケースと全体の動きとをまずは区別してみます。

そして、全体の動きが、次のステップで、どのように個人の行動を導く条件となっているのかを考えます。先ほどの休暇の例でいえば、社員が互いに互いを牽制して有給休暇を消化しなくなると、それぞれの有給休暇消化の可能性はどうなるか（↓やっぱり休めなくなる！）を考えるのです。そして、その解決方法として、どうしたら個々人の意図と集団全体としての結果とが調和できるのかを、考え直してみるのです。

「わかっちゃいるけどやめられない」事態に直面したら、個々の行動と、それが集まってもたらされる全体の結果との循環的な関係に目を向ける。小さな出来事がたくさん集まったらどんな別の意味を持つのかを考えるための複眼思考が、ここから得られるはずです。たいていの場合、「みんなで渡ればこわくない」式に、集団としていっせいに事態を変えられれば、循環的な関係から逃れられるはずです。

(4) 当たる予言・はずれる予言

私たちは、次に何が起こるのかを予想し、これから起きることに対処しようとすることがあります。大げさにいえば、このような予想は、未来の予言といってもよいでしょう。四番目の「にもかかわらず」は、こうした予言にまつわる逆説的な関係です。

先ほどあげたトイレットペーパーの例は、実はこの予言にまつわる逆説的な関係の例でもあります。根も葉もない噂に過ぎない「トイレットペーパーがこれから不足するぞ」という予想は、人々が冷静に行動していれば、はずれた予言になっていた可能性があります。に
もかかわらず、その予想を信じて人々が行動に走った結果、予想は当たってしまいました。予言が品不足を作り出してしまったのです。

このような例は、「予言の自己成就」と呼ばれています。予言すること自体が、ものごとの推移に影響を与えて、自らその予言を実現させてしまうケースです。有名な例は、噂が巻き起こす金融機関の取り付け騒ぎです。「○○銀行が危ない」という噂を聞いて、預金者がその銀行に殺到し、預金をおろしてしまう。このようなことが起きてしまうと、最初の噂（＝予言）自体は根拠の薄

いものだったとしても、噂を信じた人々の行動によって、その噂が本当になってしまうのです。

これとは反対に、予言が事態を変えてしまうことで、その予言がはずれてしまうということもあります。今後の経済予測として、ある官庁が「〇〇の生産は過剰になるだろう」と予測したとします。この情報を聞いた生産者が損失を避けようとして、生産を抑えてしまうと、この予測は予測したこと自体によって、はずれてしまうのです。

もっと大きな問題として有名な例は、マルクスの共産主義革命の予測です。マルクスは一九世紀の資本主義の実態分析をもとに、このまま資本主義が進めばいずれ労働者の貧困が極まり、革命が起きるだろうと予測しました。一八四八年に発表された、「ヨーロッパに幽霊が出る——共産主義という幽霊である」という有名なことばで始まる『共産党宣言』は、共産主義革命が起こることが歴史の必然であることを宣言した「予言」の書としての意味あいがあったのです。

ところが、その予言は、当時の資本家や政府の首脳たちに革命の脅威を抱かせました。資本家や政府は、共産主義者を弾圧しました。と同時に、革命が起きないための「福祉国家政策」も徐々に取り入れていきました。労働時間の短縮や賃上げ、工場内の環境改善、児童労働の禁止などの取り組みによって、労働者の生活改善の手だてが部分的に取り入れられるようになったのです。社会福祉政策の導入によって、貧困層への保護も拡大しました。貧困が極みに達して革命が起きるという予言を逆手にとって、革命が起きない手だてが取られたのです。

その結果、多くの資本主義国では、革命を起こすにいたる深刻な事態が回避されてしまいました。マルクスが予言したことが、資本家や国家の新たな対応を生み出し、その予言をはずしてしまったといえるのです。このような例の場合、予言にはある程度の根拠があった。にもかかわらず、予言したこと自体が事態を変えてしまったと見ることができます。

このタイプの「にもかかわらず」を発見するためには、予想や予測、あるいはそのように受け取られる発言といったものが、人々にどのように解釈され、どのような行動を生み出すのかに注目すればよいでしょう。たんに予測や予想が当たったか、はずれたかを見るだけでは、ものごとの表面をとらえる単眼思考にとどまります。複眼思考をするためには、そうした予想がなされたこと自体が、人々にどのような影響を及ぼしているのかにまで目を向ける。そうすることで、得られた結果が、どのようなしくみでそこにいたったのかを、ものごとの奥行きにまで目を注いでとらえることが可能になります。

さらにいえば、このような予言の逆説的な関係を知ることで、私たちが何か意見を表明する場合、それがどのような影響を及ぼしてしまうかまで考慮に入れることができるでしょう。自分では正しいと思っている予測も、それを表明すること自体が、その予測の実現に影響を与える可能性があるということ。そこまでの計算をしたうえで、予測を立て、表明することが必要となってくるのです。

さて、これまでは主に「結果」の側から、逆説的な関係をどうとらえるのかを説明してきました。すでに結果が出ていることがらを対象に、そこに逆説的な関係を探っていくという方法です。しかし、これまでに述べてきた逆説的な関係への着目は、これから何かをしようという場合にも役に立つ思考法です。これまでの四つのタイプの「にもかかわらず」に即していえば、次のようにまとめることができます。

●ポイント●

1 これから行おうとしていることが、どんな副産物を生み出す可能性があるのか。その波及効果をなるべく広い範囲で考えておく。ひょっとしたらその副産物によって当初の意図がくじかれてしまう可能性がないかどうかを考えたうえで実行に移す。

2 やろうとしていることに抜け道はないかを考えておく。抜け道があった場合、そういう手だてを使う人がどういう人か、それによって、当初の計画がどのようなダメージを受けるかについて考えておく。

3　自分たちのやろうとしていることは、それぞれが集まった場合にどのような意味を持つのか。他の人や組織も同じようなことをした場合、全体の影響はどのようなものになり、それは当初の意図とどのようにずれてしまう可能性があるのかを考えておく。

4　計画や予測を立ててそれを表明すること自体が、その計画や予測にどのように跳ね返ってくる可能性があるのかを考える。

3 〈問題を問うこと〉を問う

ステップ1 問題のはやり・すたり

どうしたらものごとの表面だけを単純にとらえるのではなく、複眼的な見かたができるのか。そのための方法として、これまでは主にどのように問題を見ていったらよいのかを中心に述べてきました。

これまで説明してきた方法は、関係の中でものごとの多面性に注目するとか、ものごとの「意図せざる結果」に着目することで、問題を複数の視点から見ようということでした。

この章の最後に、複眼思考の第三の方法として、問題のとらえかた自体を、もっと根底のところからずらしていくやりかたを説明したいと思います。すなわち、〈問題を問うこと〉自体を問うという方法です。

同じような事件や現象であっても、時代や社会によってその取り扱いかたが異なることがしばしばあります。まずは、次の二つの新聞記事を読んでみてください。

少年2人を逮捕　後輩に因縁つける

〇〇署は二四日、〇〇区の無職少年Aととび職見習B（いずれも一七歳）を暴力行為などの疑いで逮捕した。調べでは、Aは四月二三日午後二時ごろ、同区のJR黒崎駅前で中学時代の後輩にあたる高校一年生三人を「ちょっと来い」と因縁をつけてBの家に連れ込んだ。Bと一緒に三人を殴るけるなどして正座させ、「一〇万円を持って来い」と脅して一〇〇〇円を取った後、一人に「現金一万円を持参する」と約束させて帰宅させた疑い。（『朝日新聞』　一九八九年五月二四日付

夕刊より）

いじめ相手の同級生から一〇〇万円脅し取る＝中三生と一六歳の少年を逮捕

〇〇県警少年課と〇〇署は一〇日、小学校時代からいじめを繰り返していた同級生（一四）から現金一〇二万円を脅し取ったとして、〇〇市立中学校の中学三年生（一四）と、その先輩の無職少年（一六）を恐喝の疑いで逮捕した。調べによると、二人は、中三生が言葉や暴力でいじめを続けてきた同級生から現金を脅し取ることを計画。昨年一〇月ごろ、中三生が同級生に対し「先輩も使うんや。金を持ってこい」などと、校内や近くの駐車場で殴る、けるの暴力を加えながら現金を要求し、一〇万円を持って来させたのをはじめ、今年一月下旬にかけて三回にわたり、一三万円、四〇万円、三九万円の計一〇二万円を脅し取った疑い。

被害者の少年は、自宅の金庫にあった祖父名義の預金通帳と印鑑を持ち出して、銀行から預金を引き出していた。現金の受け渡しは、校内で行われたこともあったという。容疑者の少年らは、脅し取った金を飲食や遊興などに使っていたという。（時事通信ニュース　一九九六年四月一〇日付）

いずれも少年が、暴力をふるって同級生や後輩からお金を脅し取ったという事件の報道です。一方は一九八九年、他方は一九九六年の事件です。九六年の事件の報道には、見出しにも記事の文中にも「いじめ」ということばが入っています。一方、八九年の事件には、「いじめ」の表現はありません。八九年の事件は、一回限りの恐喝事件だったのかもしれません。それに対し、九六年の事件は繰り返し起こった「いじめ」を背景にした恐喝であったという読みかたもできます。あるいは、同じ暴力的な事件であったとしても、この二つの事件には、記事だけからは読み取れない、被害者と加害者の関係のありかたの違いがあったのかもしれません。

しかし、九六年の事件に「いじめ」という表現が与えられた背景には、一九九四年ごろから社会で再び盛んに問題にされ始めたさまざまな「いじめ事件」の報道があったことはたしかです。いじめを受けて自殺をする子どもたちの事件がマスコミで大きく取り上げられるようになって以降、少年・少女たちの暴力沙汰に「いじめ」という表現が登場するようになっていったのです。

試みに、「いじめ」ということばを辞書で調べてみると興味深いことがわかります。『広辞苑』の一九七六年版（第二版補訂版）にも、一九八三年版（第三版）にも、「いじめ」という名詞は掲載されていません。いずれの版でも、「いじめる」という動詞が「弱いものを苦しめる」というたった一行の説明でのっているだけです。ところが、一九九一年改訂の第四版を見ると、そこには

「いじめ」という名詞がのっており、しかも、次のような説明が加えられています。

「いじめ：いじめること。特に学校で、弱い立場の生徒を肉体的または精神的に痛めつけること」

ここには、明らかに問題をどのように見なすのかという、問題視する視点の変化が示されています。「いじめ」という概念が与えられ定着する中で、そうした概念によって照らし出される問題が浮かび上がってくるということです。たしかに、少年たちの関係のありかた自体が、「いじめ」ということばを用いなければとらえられないように変化してきているということもあるでしょう。一見同じように見える恐喝事件でも、その深層には人間関係の作りかたの違いが表れている。したがって、「いじめ」という新しい概念を使わなければ、問題の深層には迫れない、といった見かたも可能です。

しかし、他方で、「いじめ」という概念がいったん広く定着してしまうと、この種の問題をおしなべて「いじめ」に関係する事件と見なしてしまうようになる。そういう問題をとらえる側の変化ということも一方にはあるでしょう。暴力で後輩を脅して金品を取るという同じような行為が、「いじめ」事件として見なされるか、あるいは「非行」や「犯罪」として見なされるか。ここには、事件それ自体の質の違いを超えた、問題をとらえる人々の視線の変化が反映しているといえるのです。

さらに時間をさかのぼっていけば、次のような変化も視野に入ってきます。かつてはこうした犯罪行為を犯す少年たちは「不良少年」と呼ばれていました。しかし「不良」という表現は、いかにも個人の人格に欠陥があると見る見かただということで、しだいに「非行少年」ということばに変わっていきました。「不良」という個人に貼られるレッテルから、「非行」という、その個人本人にではなく「行為」に貼られるレッテルへと変化したのです。

こうした問題をとらえる視線の変化の背景には、少年観の変化があったといわれています。「罪を憎んで人を憎まず」というように、それぞれの少年本人が悪いという見かたではなく、あくまでも「悪い行為（＝罪）」に着目しようということです。こうして、少年たちの問題行動をとらえる視線の変化が、「不良」から「非行」へのことばの変化に反映したのです。

さらに最近では、「非行」から「いじめ」へという視線の変化が起きています。「いじめ」問題をとらえる視点から見れば、金品を脅し取った少年たちは、もはや「非行少年」ではなく、「いじめっ子」に変わります。こうした変化の背景には、「非行」のように個人の行為を問題視するのではなく、いじめっ子といじめられっ子という人間関係に問題があると見なす傾向が強くなってきたことがあります。

このように、同じような行動や事件であっても、どのような視点からそれを問題にするのかによって、問題としての見えかた、問題の論じかた、さらには、問題のどこに目を向けるのかも違ってきます。たとえば、いじめ事件の報道では、いじめる＝いじめられるという関係を示すいじめの実態や、いじめられた側についての報道がよくなされます。しかし、いじめる側がどういう少年・少女だったのかについてはほとんど知らされません。「不良」という問題のとらえかたが、加害者の側の生育歴や性格などの個人的なことがらに目を向けていたのとは対照的です。

あるいは、同じく脅して現金を取る場合でも、「恐喝」と表現すると、行った側の犯罪性が強調され、「悪」のイメージが強められた印象を与えます。それに対し、同じ行為でも「いじめ」と表現すれば、「悪」のイメージは薄められ、子ども同士の人間関係の問題であるかのような印象を与えるでしょう。さらには、こうした印象の違いに対応して、問題解決の方法についても違ったアプローチがなされるかもしれません。

「恐喝」であれば、「厳しく取り締まれ」とか「厳罰に処せ」という声が聞こえてきそうです。それに対し、「いじめ」ということになれば、もっとデリケートな人間関係の問題として、「厳しく当たるだけではだめだ」とか「相談やカウンセリングの機会をもっと与えよう」といったように、人間関係のありかたを変える方法が考えられるかもしれません。

この「いじめ」の例のように、私たちが問題をとらえるとき、どのような視点から問題を見なしているのかによって、問題の見えかたもイメージも、さらには対処のしかたも違ってきます。ということは、私たちが問題を考える場合、いったいどのような視点に立って問題をとらえ、考えているのかということ自体が、問われるべき問題になってくるのです。

このように、問題の渦中にあって問題に取り組むのではなく、ひとつ違うレベルに立って、当の問題自体をずらしてみること。そのための視点を、「メタの視点」といいます。前にも少し触れましたが、「メタ」というのは、もともとは「後」という意味のギリシャ語の接頭語です。メタの視点に立つということは、その問題を後から見直すかのように、とらえ直してみるということです。

問うこと自体を問う——こうして、メタの視点に立つことが、複眼的な思考を進めるもうひとつの方法になります。

ステップ2　作られる問題・隠される問題

このように見てくると、私たちの目の前にあるさまざまな問題には、「作られる」部分があることに気づくでしょう。問題が作られるといっても、作り話のようにまったく勝手に創作されたフィクションであるというのではありません。そうではなく、私たちは、ある出来事なり事件なりに、特定の地点から光を当て、特定の解釈のしかたを当てはめて問題と見なすようになる、ということです。

これまで例に用いてきた「いじめ」問題のように、一度「いじめ」を問題と見なす見かたが出来上がってしまうと、そうした見かたをもたらした当初の事件を離れて、その見かたが「ひとり歩き」してしまうことがあります。そして、先ほどの恐喝事件のように、単純に「いじめ」事件とは見なさないほうがよさそうな問題にまで、「いじめ」問題と同じようなアプローチが取られてしまうことがあるのです。

あるいはこういうこともあるでしょう。いじめが問題であるという見かたが広まっていくにつれて、人々はいじめ問題に敏感になっていきます。とくに、子どもがいじめによって自殺をするといった深刻な事態が生じてくると、「子どものSOSをキャッチしろ」ということになって、学校にいじめがないか、チェックする体制が整えられます。

その結果、それまでだったら見過ごされていた、子ども同士のささいないざこざも、「いじめ」と受け取られるようになっていく可能性があります。さらに、子ども自身、いじめ事件の報道を通じて、「いじめ」という問題の視点を獲得するようになっていきます。一度「いじめ」を問題にする視点を与えられることで、本当に問題として取り上げるべき深刻ないじめも、ちょっとしたケンカやいじわるも含めて、どれも同じ「いじめ」という概念でくくられるようになります。つまり、「いじめ」という視点が与えられることで、子どもが他の子どもを攻撃する行動の多くが、「いじめ問題」「いじめ事件」として〈発見〉されるようになっていくのです。

問題の〈発見〉という例は、「セクハラ」についても見られます。「セクシャル・ハラスメント（性的な嫌がらせ）」を問題にし、抗議しようという視点を得ることによって、職場におけるさまざまな男女間の関係が、問題視されるようになってきました。こうした視点を持つまでは、男性側からのちょっとした「冗談」や「からかい」と見なされていた言動やふるまいが、「セクハラ」として非難の対象にされることになったのです。

セクハラ的な言動や行動は、女性の立場からは、ずっと以前から「問題」と見なされていました。しかし、それが由々しき問題であるという視点が男性の側や広く社会においても共有されるようになったのは、やっと最近のことです。職場における女性の人権を守ろうという意識の高まりとともに、それまでの男性にとっては、ちょっとしたからかいのつもりの言動や行動が、女性にとっては苦痛以外の何物でもないということが理解され、問題とされるようになったのです。

「誰かが勝手に問題を捏造《ねつぞう》しているのだ」といっているのではありません。そうではなくて、あることがらを問題と見なす視線が広く共有され、その見かたが支配的になることで、それが問題として〈発見〉されるということを指摘したいのです。

別のいいかたをすれば、あることがらが問題になるかどうかは、その問題の深刻さだけで決まるわけではないということです。セクハラのように、以前から深刻な事態が存在していたのにもかかわらず、それがどれだけ重要な問題かが広く社会で共有されるまでは、水面下に隠されているような問題もあります。問題であることが広く共有されるようになって初めて、社会でも取り上げられるようになる問題があるということです。

それとは反対に、ある問題がクローズアップされることで、別の問題がその陰に隠れて見えにくくなってしまうこともあります。ここでは、私の研究から、戦後教育における学歴社会と平等の問題を取り上げましょう。

戦後の学校における「不平等」問題の扱われかたを調べると、成績で生徒たちを序列化することを「差別」であると見なす見かたがとても強かったことがわかります。偏差値教育が批判されたのも、成績で子どもたちを一元的に評価し、順序をつけるのが悪いことだという、学校における不平等のとらえかたが根強くありました。生徒の成績によってクラス分けをすることに対して、長い間、「そんなことをしたら差別教育になる」という反発があったのも、こうした問題のとらえかたが支配的だったからです。

その背後で、この見かたを支えていたのが、「日本は学歴社会である」という認識でした。少しでも高い学歴を得ることが重要だ。そのためには少しでもよい学校に入らなければならない。このような学歴社会の見かたのもとで、受験競争が激しくなり、その結果、成績によって子どもたちが序列づけられるようになったのだ、という見かたが広く人々に信じられてきたのです。さらには、学歴社会への批判には、学歴は必ずしも仕事をするうえでの実力を反映しないのに、職場などでは学歴による処遇の違いがあることを差別的だと見る見かたも含まれていました。

しかし、成績による序列化を差別と見なしたり、学歴で人を評価することを学歴差別と見る「不平等」問題の陰で、隠されてしまった問題があります。階級社会といわれるイギリスや、人種問題を抱えるアメリカと同じように、日本でも、親がどんな職業に就いているか、親の学歴は何かによって、子どもの学校での成績に違いがあることがわかっています。親が大学を出ている子どものほうが、義務教育だけの親の子どもよりも、学校でよい成績をあげたり、高い学歴を得ることが調査によってわかっているのです。

さらには、これまでの調査によれば、日本でもどんな家庭で育ったかによって、子どもの学歴が違ってきます。親が、医者や弁護士などの専門職に就いていたり、大企業の管理職に就いている場合には、一般の勤労者の子どもに比べて、高い学歴を得る場合が多いのです。

ここでは詳しい数字は紹介できませんが、国際比較を行ったさまざまな調査の結果を調べてみると、日本はけっして「平等な社会」であるとはいえないことが明らかになります。親の職業や学歴、所得など、「生まれ」によって決まる家庭の影響が、子どもの学歴取得に及ぼす程度を比較すると、「オレたちとヤツら」といった明確な階級の違いを意識しているイギリス社会や、さまざまな民族集団が存在し、それと関連した貧困問題を抱えるアメリカ社会と比べても、意外なことに日本は、こうした国々と同程度か、あるいはそれ以上に、出身階層による教育の不平等を抱えた社会であることがわかるのです。

ところが、成績による序列づけを「差別」だと見なし、職場での学歴取得後の学歴差別に目を向ける一方で、こうした「生まれ」による不平等は、問題とされにくい位置に置かれてきました。このような学校での成績の差を生み出す家庭環境の違いや、学歴取得までに生じる不平等の問題は、大きな問題として取り上げられてこなかったのです。

従来の研究は、調査によって日本にもこうした不平等があるという事実を発見し、人々の常識に反する事実を突きつけてきました。しかし、たびたびこうした事実が指摘されたのに、日本人の間の「平等神話」は変わりません。そこで私の研究は、不平等の事実を突きつけるだけではなく、なぜ、教育における不平等が、日本では問題にされずにきたのかに目を向けることにしました。平等か不平等かという問題を少しずらして、なぜ不平等が問題にならなかったのかというメタのレベルから、問題をとらえ直そうとしたのです。

その具体的内容については、ここでは省略せざるをえません。関心のある方は、拙著『大衆教育社会のゆくえ――学歴主義と平等神話の戦後史』（中公新書）や『階層化日本と教育危機』（有信堂）といった本をご覧ください（この二冊は、学歴社会と教育問題をテーマに、私なりの複眼思考を実践した見本でもあります）。そこには、ここで紹介したさまざまな調査の結果も示されています。

この例のように、ある問題（成績による序列化や学歴差別）が脚光を浴びることで、その問題に関連はあるものの、その問題の陰になって目立たなくなってしまう問題（出身による教育の不平等）もあるのです。目立たなくなった問題は深刻な問題ではないのかというと、そうとはいえないはずです。しかし、問題の扱われかたには、このような違いが出てくる。その結果、ことの軽重にかかわらず、あることがらは問題視され、別のことがらはそれほど注視されないということが起きてくるのです。

逸脱者は作られる——ラベリング論

犯罪者はどのように生まれるのか。この問題をめぐって、その原因を個人の性格や生育歴、あるいは個人が社会から受ける緊張などに求める研究がある一方、それとはまったく違う視点を提供したアメリカの社会学者がいる。「ラベリング論」で有名なハワード・ベッカー教授である。彼は、犯罪者や異常者などの「逸脱」が生まれる理由について、次のような新たな視点を提供した。

「社会集団は、これを犯せば逸脱となるような規則をもうけ、それを特定の人々に適用し、彼らにアウトサイダー（集団からの逸脱者）のレッテルを貼ることによって、逸脱を生み出すのである。この観点からすれば、逸脱とは人間の行為の性質ではなくして、むしろ、他者によってこの規則と制裁とが『違反者』に適用された結果なのである。逸脱者とは首尾よくこのレッテルを貼られた人間のことであり、また、逸脱行動とは人々によってこのレッテルを貼られた行動のことである」（『アウトサイダー』村上直之訳、新曜社、一九七八年、一七ページ）

逸脱という問題は、個人の側の問題にとどまらず、それを社会がどのように見なしているのかにかかわる問題なのである。

ちなみに、ベッカー教授は、私の大学院時代の先生でもあった。先生の授業では、学生たちが自分で決めたフィールドに出かけ、そこでの出来事を書き記すフィールドワークの方法を習った。毎週、観察記録をおさめたフロッピー（一九八四年当時、すでにマックを使った授業だった！）を先生に提出する。すると、そこにゴチック体で先生がコメントをつけてくれる。たいていのコメントは、他の視点に立ったら、観察したことがらはどう見えたかという内容だった。ものを見る視点によって、その意味が違ってくる。ベッカー教授の問題をとらえる姿勢は、授業場面でも発揮されていた。

ステップ3　問題とその文脈

このように見てきますと、私たちが対象としているさまざまな問題は、当たりまえのこととして私たちの目の前にあるわけではないことに気づきます。考えるに値する問題は、その問題に意味を与える文脈の中で、光を当てられ、問題として私たちの前に現れるのです。

このような問題とその文脈との関係を、もう少し一般的に、「パソコンを上手に使いこなすにはどうしたらよいか」を例に考えてみましょう。たとえば、同じく「どうすれば上手にパソコンを使いこなすことができるか」といっても、五〇代のサラリーマンにとっての場合と、大学の工学部の情報工学科に入学したばかりの一八歳の学生の場合とでは、「上手に」の中身も「使いこなす」の意味も違っているでしょう。五〇代のサラリーマンにとっては、何とかキーボードやマウスの使いかた、基本的なソフトの動かしかたが習得できれば、それで「上手に使いこなす」という課題は達成できるのかもしれません。

一方、工学部の学生の場合であれば、ハードウェアの性能を最大限に生かすためのプログラムを書けるかどうか、あるいはネットワークを含め周辺機器を使えるかどうかが、「上手に使いこなす」の中身になるでしょう。このように文脈によって、「パソコンを上手に使いこなすにはどうしたらよいか」という同じ問題であっても、問題の意味も問題のされかたも違ってきます。

ここからさらに一歩話を進めると、メタの視点をどうしたら得られるのかがわかります。すなわち、どのような文脈において、今自分の目の前にある問題が問題とされているのかに目を向けることが、「メタ」を探るひとつの方法になってくるのです。「何が問題か」を考えるだけではない。「なぜそれが問題になったのか」という、〈問うこと自体を問う〉視点を持つことが、複眼思考へのもうひとつの道になるのです。

「パソコンを上手に使いこなすにはどうしたらよいか」を考えている人にとって、「どうしたら」という問いがもっとも重要であることはいうまでもありません。しかし、「どうしよう、どうしよう」と目の前の問題ばかりを考えていないで、いったん開き直って、「なぜそれが問題なのか」を考えてみます。すると、この問題が問われる文脈が何であるのかに目を向けることができるようになるでしょう。

たとえば、先ほどの五〇代のサラリーマンが、「なぜ今パソコンを使いこなす必要があるのか」という問題を立ててみたとします。これは、「パソコンを上手に使いこなすにはどうしたらよいか」という問題を少しずらして、メタレベルの問題として立て直した例です。このように問題を考えると、いろいろな

答えを導くことができるでしょう。たとえば、

・社内での電子メールの利用のため、メールの受け答えくらいできなければ仕事にならない。

・インターネットが普及したのだから、そこから最新の情報を得る必要がある。

・時代に取り残されるのではないかと不安だ。

・パソコンくらいできないとリストラの対象になるのではないか。

「なぜ今パソコンを使いこなす必要があるのか」を五〇代のサラリーマンの問題として考えていくと、その問題がどのような文脈から出てきているのかを、次のように整理できるはずです。

たとえば、社内の電子メール利用に対応するために、「どうしたら上手にパソコンを使いこなせるか」が問題になっているのだとしましょう。この場合、

最初の問題を生み出す文脈はたいへん明瞭です。なぜその問いが出てきたのかも容易に理解できます。したがって、「どうしたら」という問いへの答えの範囲も、はっきりさせることができます。つまり、この場合であれば、電子メールのやり取りができる範囲でパソコンの使い方を習得すればよいのです。そのためのノウハウも、比較的明確なはずです。

一方、「時代に取り残されはしないか」という漠然とした焦燥感が問題を生み出す文脈だった場合には、どうでしょうか。このようなケースでは、「どうしたら上手にパソコンを使いこなせるか」という問いも漠然とした意味しか持たなくなります。パソコンで何ができるようになればよいのかが、はっきりしないからです。

そうだとすれば、この場合「時代に取り残されるとはどういうことか」というように、さらにもう一段階問題をずらしてみましょう。そうすると、パソコンやインターネットを通じて流れてくる最新の情報を得られないことを「時代遅れ」であると問題にしているのか、それとも世の中で騒がれている流行に乗っていないことを「時代遅れ」と感じているのか、はっきりしてくると思います。もし後者であれば、流行に乗ることをどう考えるかという問いとして、この問題を考えていけばよいでしょう。

もし前者の場合であれば、それでは、パソコンを使える場合と使えない場合で、入手できる情報にどれだけの違いがあるのか、インターネットを通じて流れている情報にはどれだけの価値があるのかなど、問題をさらにずらして見ることができます。あるいは、情報を得ることと、それを解釈し使うこととの違いを問題にすることもできるでしょう。このようにずらした問題を考えていく過程で、「パソコンを上手に使いこなす」ことが、どのような意味の問題なのかをより明確にしていくことができるはずです。

このように問題の文脈をはっきりさせることは、問題への対処のしかたを考える場合にも役に立ちます。

もし、情報の質や中身、さらには情報の使いかたということが重大だということになれば、キーボードやマウスの操作法を習う前に、インターネットを通じてしか流れない情報（ゴミ情報もなんと多いことか！）にはどんなものがあるのか、そうした情報をどうやったら仕事に生かせるのかなどについて、もっと調べたり、考えたりするほうが、より重要な課題になるかもしれません。さらには、同じことがパソコンを自分で使わずにできないのかを考えてみるのも、別の対処のしかたといえるでしょう。

このように問題をメタのレベルで次々とずらしていくことによって、「どうしたらよいか」という最初の問題にとらわれていては見えてこない、その問いを取り巻く文脈を発見することができるでしょう。そして、この文脈を構成するさまざまな問いの中に、最初の問いを位置づけ直すことができるようになるのです。

ポイントは、最初の問いがどのような意味を持つのかを、その文脈にまでさかのぼって考えること。そうすることで、私たちの視野は広がっていきます。「なぜそれが問題なのか」というメタレベルの問いを立てることで、当初の問題を広い文脈の中に位置づけようとする視点を持てるようになるのです。

ステップ4

メタを問う問いのかたち

「なぜそれが問題なのか」と並んで、もうひとつメタを問う問いの立てかたとして、「ある問題を立てることで、誰が得をするのか、誰が損をするのか」という問いをあげることができます。こうした問いは、問題を取り巻く利害関係がどのようなものかをとらえることで、メタを問う問いになります。

先ほどの「どうしたら上手にパソコンを使いこなせるか」という問題で考えてみましょう。このような問いを立てることが、どのような利害と関係しているのか。それを問題にするのが、ここでのメタになります。

たとえば、上手に使いこなせないであろう人たちを相手にこの問題が立てられたとします。この場合、パソコンを使えない人は時代遅れだから、必要のない人材だという見かたが問題の文脈となっているかもしれません。そうだとすると、「どうしたら上手にパソコンを使いこなせるか」が問題になることで、得をする人、損をする人が出てくることになります。パソコンをリトマス試験紙に使って、中間管理職の数を減らし、パソコンの使える給料の安い若手社員を残すという、組織にとってはリストラを正当づける理由を得ることになるかもしれません。

次に、「どうしたら偏差値教育をやめられるか」という問題の場合はどうでしょうか。この問題が立てられることで、得をする人、損をする人は誰かを考えてみます。公立の中学校から偏差値をなくしても、生徒は得をしそうにありません。学校の外でやはり偏差値に頼らざるを得ないからです。それでは教師は得をするのかというと、やはりそうでもなさそうです。業者テストに頼らず、自前のテストを作らなければならなくなった。その点数を使って、進路指導の資料づくりに追われるようになった。こうしたことから、これまで以上に忙しさが増したという話をよく耳にします。

それでは、テスト業者は得をしたのか、塾や予備校はどうか。学校と提携してテストを提供してきた業者にとっては、受験者の数が減ったり、試験会場にコストがかかるようになったりして、得になっているようには見えません。生徒たちがこれまでより塾や予備校を頼るようになった結果、たしかに少しは得になったのかもしれません。しかし、それはあくまで「意図せざる結果」であって、この問題を投げかけた当初のねらいには入っていなかったはずです。

そう見ると、直接の当事者の間では、この問題を立てることで得をした人はいないといえそうです。そうだとすれば、誰が得をしたのか。偏差値廃止を打ち出した政治家や文部省（当時）はどうでしょうか。彼らにとって、世間で評判の悪い偏差値教育に立ち向かっている姿勢を示すことは、社会からの一定の評価を得ることにつながったのではないか。少なくとも今の文部科学省に対して、かつてのように、「文部行政が差別＝選別教育体制を作り出している」という批判が投げかけられなくなったのは、その成果といえるのかもしれません。とすると、「どうしたら偏差値教育をやめられるか」を問題にすることは、それが本当に解決に向かうかどうかの実効性は別として、受験教育という「諸悪の根源」を排除しようとするポーズを見せる必要があった、という文脈と関係していることが明らかにできるでしょう。

あることがらが問題になっていることで、誰が得をするのか、誰が損をするのか。こうした問題のずらしを行うことで、当初の問題だけにこだわっていたのでは見えない、問題の文脈を見つけることが可能になるのです。

もうひとつ、メタを問う問いとして、「その問題が解けたら、どうなるか?」を考えてみる方法があります。もちろん、その問題が解けたら、当面の問題の解決になるということは明らかです。「どうしたらよい企画書が書けるか」が問題だったとしたら、その方法がわかれば、当面の問題解決ということで、「めでたし、めでたし」となるところです。しかし、そこで満足せずに、「その問題が解けたら、どうなるか」について、さらにそれ以上の波及効果がどうなるかを考えるのです。

たとえば、あるイベントの企画を考えていたとしましょう。その場合、「よい企画」を考えついたらどうなるのか。「どうなるか」で予想される結果をリストアップしてみるのです。たとえば、

・イベントに人がたくさん集まる。
・協賛企業からの収益が上がる。
・マスコミなどに取り上げられて高い評価を得る。
・参加者が充実感や満足感を感じる。
・企画を考えた本人が上司から高い評価を得る。
・イベントを機会に人脈が広がる。

など。いろいろな「よい結果」がありそうです。しかし、そうしたよい結果の中で、何を重視して「よい企画」と考えているのか。そこに目を向けることで、「よい企画」とは何か、企画に「よい」という意味を与えている文脈がどのようなものかがわかるようになるでしょう。

「よい企画」は、自分の所属している課や部、あるいは会社全体で通る企画だ、という見かたもできるでしょう。このような場合、「どうしたらよい企画書が書けるか」という問題は、「通りやすい企画書はどう書けばよいのか」という問いに展開できます。しかし、その場合、「よい」ということに意味を与えている文脈は、どうしても自分にとって身近な同僚や上司の評価になってしまいがちです。

ところが、次のような例を見ると、「よい企画」の意味が、それを評価する文脈によっていることが明らかになります。

かつて、ある出版社から出された哲学の本がベストセラーになりました。ところが、その本の企画は、最初は別の、老舗の出版社に持ち込まれたそうです。ところが、その出版社では、内容を検討の末、企画をボツにしたというのです。そして、別の出版社に持ち込まれて、ベストセラーになりました。最近の例だと、『ハリー・ポッター』シリーズも同じような例ですね。

こうした例は、「よい企画」といっても、誰にとって「よい」のか、よいと判断するのは誰か、という問題の文脈が重要であることを示しています。市場にとっては「よい企画」であったものが、ある会社にとっては、ボツの企画だったのです。

企業社会では同じような例がたくさんあるでしょう。ある組織で評価されなかったことが、別の組織では高く評価される。このような違いは、ひとつの組織の中だけでものごとを考えている場合には、なかなか見えてこないことです。所属する組織の「常識」に慣らされてしまうからです。そのようなときに、「この問題が解決したら、どうなるか」を、なるべく広く考えてみる。そうすることで、その問題をめぐって、どのようなことがかかわり合っているのか、問題を取り巻き、問題に意味を与えている文脈を見つけることで、そうした「常識」から一歩外に出ることが可能になるのです。

よい企画というのは、誰にとって、どのような意味で「よい」のか。意味を与える文脈というメタの視点に立つことで、直面している問題を相対化することが可能になるのです。

メタを問う方法について、ポイントをまとめておきましょう。

●ポイント●

1　「なぜ、それが問題なのか」に着目することによって、ある問題を問題と見なす視点は何かをとらえる。

2　同じようなことがらでも、問題にする視点によって問題のとらえかたや問題のしかたが違ってくることに注目する。

3　ある問題がクローズアップされることで、隠れてしまう問題がないのかに目を向ける。

4　さらに問題の文脈に目を向けるための方法として、

（a）ある問題を立てることで、誰が得をするのか損をするのかに目を向ける。

（b）当該の問題が解けたらどうなるか、を考える。

さて、この章では、どうすれば複眼思考ができるのか、そのためのなるべく具体的な方法を紹介してきました。しかし、いちばん大切なことは、やはりものごとを鵜呑《うの》みにしない態度、ステレオタイプ的な解答に出会ったら、「ああそうか」とやり過ごさずに、ちょっと立ち止まって自分のことばで考え直してみるという姿勢です。そのちょっと立ち止まったときに、どうすれば自分なりの考え方が展開できるのか、そのためのいくつかの方法をこれまで紹介してきたわけです。

自分の頭で考えることは、けっして簡単なことではありません。自分なりに考えているつもりでも、ひとつのことにとらわれ過ぎて、なかなかそこから抜け出せないこともあります。そういうときこそ、メタの視点に立つことが有効になるのです。

当面の問題を少しずらしてみる。それだけでも、その問題がどのような広がりを持っているのかに目が行くようになります。新しい問いが見つかることも少なくありません。問いをずらしていく方法を身につけることで、簡単にステレオタイプに飲み込まれない、自分なりの視点を持てるようにもなるでしょう。自分の視点を持つとは、自分がどのような立場から問題をとらえているのか、その立場を自覚することでもあるのです。

その意味で、知的複眼思考法は、あなた自身とあなたを取り巻く世界を理解するための方法でもあるのです。

あとがき

大学の教壇に立つようになってから、六年近くが経つ。学ぶ側から教える立場に変わったとき、いったい自分には何が教えられるのだろうかと考えた。たしかに、大学では専門の授業を受け持つのだから、自分が研究してきたことを教えればよい。専門分野の知識を学生たちに伝えていけば、世間でいわれる大学教師は勤まる。しかし、教師になりたての私には、専門的な知識を教えるだけでよいのかといった、一種の迷いがあった。とくに学部の学生に対しては、専門的知識を一方的に教えたところで、そこにどんな意味があるのか、少なからぬ疑問を感じたのである。

その疑問は、私の持っている知識が、他の人にとっても同じように意味を持つものかどうかという疑いに発するものだった。研究者志望の学生ならまだしも、大学を出てすぐに社会に出る学生たちにとって、私が伝えることのできる専門的知識にいかほどの価値があるのか。知識そのものの価値よりも、むしろ、知識を受け取る過程で学んでいくことがらのほうが、ずっと重要ではないのか、と。

他方で、学生たちと接し始めると、思いのほか、彼らの発想の堅さに驚く機会が少なくなかった。受験勉強に精を出して東大に入学してきた学生たちは、なるほど勉強熱心ではあるし、飲み込みも早い。答えの探し方も得意である。だが、自ら問いを探したり、それを上手に表現することになると、発想の堅さが目につくのである。それがすべて、「受験教育」のせいだとはいえないにしても、高校まで、いや大学に入ってからも、答え探しとは別に、問いの探しかたや立てかたについての学習経験が乏しいことはたしかなようだ。

こうした学生たちを前に、私は、これまで自分がやってきたことの中から、学生たちに伝えられることは何かと考えた。そして、私なりに見つけた答えが、学生たちに、問いの発見のおもしろさや、視点を変えてものごとをとらえることで、新しく何かが見えてくる瞬間のスリルを伝えられないか、ということであった。私の大学での実践がどれだけうまくいっているか。それは学生諸君の評価を待たなければならないが、本書は、そうした実践経験を踏まえ、授業やゼミでやっているのと同じようなことを、何とか文章を通じて伝えられないかと、私なりに試みたものである。その成否もまた、学生による授業評価と同様、読者の評価にゆだねるより他ない。

本書を書くことになったきっかけは、ひとつの新聞記事に由来する。数年前に、ある大手の予備校が、大学四年生を対象に大学教育についての調査をした。これまで受けてきた授業のうち、どんな先生の授業がよかったのかを学生たちに評価してもらったのである。その結果をもとに、大学の「ベストティーチャーズ」が発表された。その中にたまたま私が選ばれたことが、新聞の小さな記事に紹介された。それを目にした講談社学芸図書第三出版部副部長の細谷勉氏から、本書を書いてみないかというお誘いを受けたのである。

それまでにも私は、大学教育に関する本や文章を書いてきた。その中では、現状の大学教育の問題点を指摘するにとどまらず、大学での教育が変わる必要性があることを主張してきた。そうした経緯からも、大学での教育実践を文章にしてみないかという誘いは、自分自身のやってきたことを振り返るうえで、とても意義深いような気がした。

しかし、いざ、自分のやってきた実践を文章にするとなると、それがなまやさしいことではないことがすぐにわかった。引き受けてはみたものの、実際に書き始めてみると、思ったようには表現できない。まとまりのある文章にできないのである。

大学での私は、それぞれの学生たちを相手に、講義やゼミや論文指導を通じて彼らの思考に直接はたらきかけようとしてきた。そうした試みにおいては、まさに、その場その場の臨機応変の対応が重要となる。それだけに、自分の経験をもとにそれを文章にしようとしても、その臨場感をうまくまとめることができないのである。執筆途中、「これは書けないぞ」と思ったときが何度かあった。それでも何とか、本書の完成にこぎ着けたのは、もちろん、編集担当の細谷氏の励ましと、辛抱強さに支えられたからである。

それと並んで、執筆途中に起きた大きな事件が、本書を書くことへの私自身の思いに大きな変化を生じさせた。一連のオウム真理教（現アレフ）の事件である。この事件を通じて、複数の視点からものごとをとらえていくことの重要性、そしてまたそれをなるべく広く読者に伝えることの大切さを、あらためて感じたのである。

最後になるが、本書を書き上げるうえでお世話になった方々に感謝の言葉を述べておきたい。まずは、私の授業やゼミに参加してくれた学生たちである。彼らとの知的な交流が、この本を生む原動力であった。何人かの学生諸君には、本書の原稿を読んでもらい、有益なコメントを得た。学生諸君との交流抜きには、本書は存在しなかった。その意味で、本書は彼らとの共作である。また、異業種交流会「アーバンクラブ」や「知的生産の技術研究会」の方々には、社会人にとって「考えること」の重要性がどのようなものかを具体的に教えていただいた。前述の通り、編集担当の細谷氏には、構想の段階から、内容についても有益なコメントをいただいた。すぐれた編集者に出会えたことは、著者として最良の喜びであった。最後に、いつもながら、最初の読者として原稿全体に目を通し、厳しくかつ的確なコメントをしてくれた妻の夏子に感謝の言葉を贈る。

苅谷剛彦

一九九六年八月

●リーディング・ガイド（複眼思考強化のための文献紹介）

ここでは、さらに自分で考える力を身につけたい人、大学で学ぶことの意味を考え直してみたい人、複数の視点に立って常識を疑う力をつけたい人のための、簡単な文献紹介をしました。

★さらに自分で考える力を身につけたい人のために

西研『ヘーゲル　大人のなり方』（NHKブックス、一九九五年）
『哲学のモノサシ』（NHK出版、一九九六年）

哲学は何といっても、「考える力」を養う格好の分野です。ですが、「哲学」っていうと何か、とても難しそうで、二の足を踏んでしまう……、という人におすすめなのが、西研さんのこの二冊の本です。哲学や思想の解説というより、哲学者の作品を通じて、考えるとはどんなことなのかが、詳しく、わかりやすく書かれています。

偉大な哲学者の考える道筋を追っていく中で、考えることのおもしろさやコツがわかる本です。自分の生きかたと考えることとを結びつけたいと思っている人にも絶好のテキストとなるでしょう。とくに二冊目にあげた本は、絵も入った楽しい本です。

折原浩『デュルケームとウェーバー 上・下』（三一書房、一九八一年）

こちらは、社会学の古典、デュルケームの『自殺論』をテキストに、社会科学の思考と論証の道筋を丹念にたどった名著です。古典を通して、論証能力、論理構成力といったものがどのようにして身につくのか。著者と一緒にデュルケームを読みながら追体験できる、実践的かつ本格的な「古典読書法」の最良のテキストといってもよいでしょう。

★大学で学ぶことの意味を考えたい人のために

増田四郎『大学でいかに学ぶか』（講談社現代新書、一九六六年）

浅羽通明『大学で何を学ぶか』(幻冬舎、一九九六年)

大学で学ぶとはどんなことかを考えるうえでの、「古典」と「新作」の二つをあげました。増田さんの本は、超ロングセラーとなっている古典的教養主義の立場に立った大学論。一方の浅羽さんの本は、「勉強し過ぎる学生たち」に警告を与え、新しい視点から、教養の問題を考えようとする話題の本です。大学で何を身につけるのか、新旧二つの好著を読み比べてみるとおもしろいと思います。

★複数の視点に立って常識を疑う力をつけたい人のために

岡崎照男訳『パパラギ　はじめて文明を見た南海の酋長ツイアビの演説集』(立風書房、一九八一年)

南海から初めて近代世界にやってきたツイアビの「見聞録」。私たちにとって常識になっていることがらが、視点を変えて見ると何と奇妙に見えることか。視点の違いによる、ものの見えかたの違いを明確に、わかりやすく示してくれます。

ロラン・バルト『神話作用』(篠沢秀夫訳、現代思潮社、一九六七年)

本書のコラムでも紹介しましたバルトのこの本は、私たちのさまざまな日常の現象を取り上げ、「当たりまえ」のことがらの奥に潜むものを取り出そうとしたエッセイ集です。私たちの身の回りにある、自然なことがらが、その実、どのような意味を伝えようとしているのか。日常の出来事の神話性を問題にした「古典」として、常識をひっくり返す見かたの宝庫ともいえるでしょう。

長谷正人『悪循環の現象学――「行為の意図せざる結果」をめぐって』(ハーベスト社、一九九一年)

本書の第4章で展開した「逆説」や「行為の意図せざる結果」について、さらにつっ込んで考えてみたい人におすすめの一冊です。「悪循環」を止めるにはどうしたらよいのか。文章もわかりやすく、例も豊富。常識をひっくり返すヒントがたくさん盛り込まれた、まさに「常識破り」の一冊です。

高根正昭『創造の方法学』（講談社現代新書、一九七九年）

本書の第3章で紹介した「疑似相関」を見破る方法や社会科学における因果関係の確定の方法などをわかりやすく説明したテキストです。社会科学の方法を簡潔に著した著作として、もっとも読みやすいもののひとつといえるでしょう。

★知的複眼思考実践編（著者自身による複眼思考を実践した本です）

苅谷剛彦『大衆教育社会のゆくえ——学歴主義と平等神話の戦後史』（中公新書、一九九五年）

学歴社会や平等主義といったテーマで、日本の教育と社会の関係について、複眼思考による検討を試みた私の本です。複眼思考を用いると、「常識」的な見かたをどのようにずらして、新しい問題の発見につながるのかを、日本の教育を対象に解明しました。

本作品は一九九六年九月、小社から刊行されたものを、文庫収録にあたり加筆し、再編集しました。

刈谷剛彦—1955年、東京都に生まれる。東京大学大学院教育学研究科修士課程を修了後、ノースウエスタン大学大学院博士課程を修了、社会学博士。ノースウエスタン大学大学院客員講師、放送教育開発センター助教授、東京大学大学院教育学研究科教授を経て、オックスフォード大学教授。著書には『学校って何だろう』(講談社)、『大衆教育社会のゆくえ』(中公新書)、『変わるニッポンの大学』(玉川大学出版部)などがある。

講談社+α文庫 知的複眼思考法《ちてきふくがんしこうほう》
——誰でも持っている創造力のスケッチ
刈谷剛彦《かりやたけひこ》

2002年5月20日第1刷発行
2023年12月4日第52刷発行

発行者———髙橋明男
発行所———株式会社 講談社
東京都文京区音羽2-12-21 〒112-8001
電話 編集(03)5395-3522
販売(03)5395-4415
業務(03)5395-3615

デザイン———鈴木成一デザイン室
カバー印刷———TOPPAN株式会社
印刷———株式会社KPSプロダクツ
製本———株式会社国宝社

KODANSHA

落丁本・乱丁本は購入書店名を明記のうえ、小社業務あてにお送りください。
送料は小社負担にてお取り替えします。
なお、この本の内容についてのお問い合わせは
第一事業本部企画部「+α文庫」あてにお願いいたします。
Printed in Japan ISBN4-06-256610-9
定価はカバーに表示してあります。